Max Dudler:
Geschichte weiterbauen
Building on History

Herausgeber/Editor
Alexander Bonte

Das Zwillingsprojekt – bestehend aus einem Besucherinformationszentrum für die Sparrenburg und einem Informationspunkt für die Parklandschaft Johannisberg – setzt das Kulturdenkmal mit dem Landschaftsdenkmal durch zwei verwandte architektonische Interventionen miteinander in Beziehung. Von der Festung Sparrenburg sind nur noch wenige bauliche Elemente erhalten. Den heutigen Burghof definieren ein Turm, das Hauptgebäude sowie die Überreste des Burgtores. Um die Torschwelle wieder erlebbar zu machen, bildet der Neubau mit dem Torso des alten Torhauses einen neuen Durch- und Eingangsraum aus, der die historische Situation neu interpretiert. Zugleich gelingt durch die Baufigur eine räumliche Fassung des Burghofs. Die Neuinterpretation historischer Motive wird insbesondere im Material des Stampfbetons, aus dem der Körper des Besucherzentrums geschichtet wurde, sinnlich erfahrbar. Wie die Sedimentschichten gewachsener Steine fließen in die Wandflächen die Farben und Texturen der Burgruine ein.

The twin project—comprising a visitor center for the medieval Sparrenburg Fortress and an info point for Johannisberg Park—establishes a link between these two monuments, one cultural and the other constructed as a landscape, through two related architectural interventions. Very little of the Sparrenburg Fortress's built structure has survived. The castle courtyard is now defined by a tower, the main building, and what remains of the castle gate. To reestablish a sense of crossing a threshold at the gate, the new building forms a new transitional and entry space, together with the main body of the old gatehouse, reinterpreting the historical situation. In addition, this architectural volume creates a spatial framing for the castle courtyard. This reinterpretation of historic motifs is underscored by the sensory impact of the material used, tamped concrete, which is layered to form the main body of the visitor center. Like sediment strata in weathered stones, the castle's colors and textures flow into the wall surfaces.

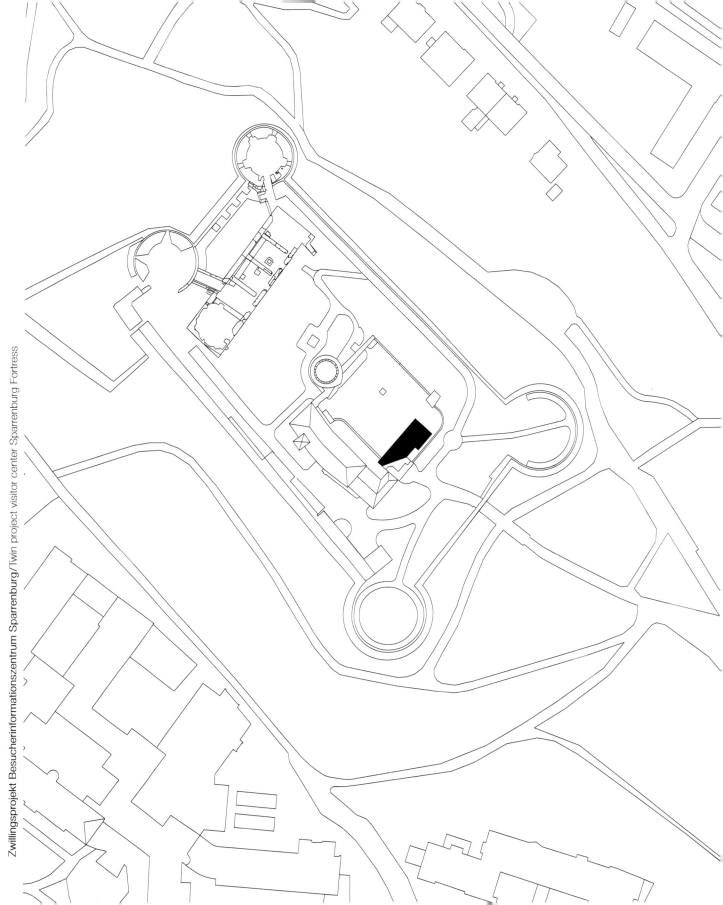

Zwillingsprojekt Besucherinformationszentrum Sparrenburg/Twin project visitor center Sparrenburg Fortress

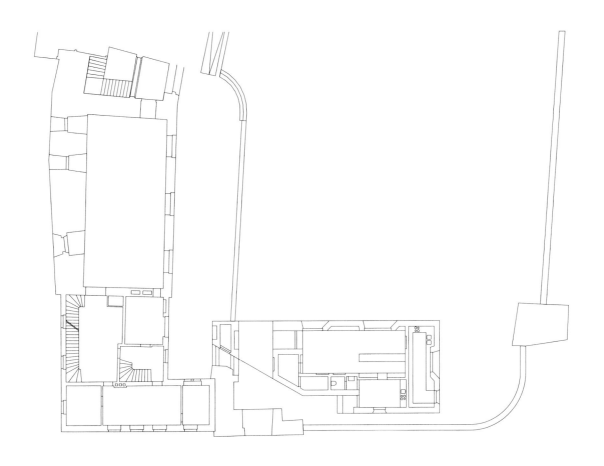

Die Gestaltung des Informationspunktes Johannisberg lehnt sich in Form, Dimension und Material an den Eingriff am Torhaus der Sparrenburg an. Während das Besucherzentrum der Sparrenburg einen neuen Torraum formuliert, wirkt der Informationspunkt wie ein räumliches Echo auf dessen Konfiguration. Auf unterschwellige Art vermittelt sich so die „Torfunktion" des Hauses am nördlichen Eingang des Parks. Das handwerklich in sichtbar einzelnen Stampfschichten verarbeitete Material verwirklicht eine Architekturform, die gerade durch das Fehlen der gewohnten technischen Perfektion die Natur der Parklandschaft reizvoll ergänzt.

The Sparrenburg gatehouse intervention is echoed in the forms, dimensions, and materials that inform the design of the Johannisberg Park Info Point. Whereas the Sparrenburg Visitor Center articulates a new gateway space, the Info Point seems to be a spatial echo of this configuration. It thus subtly conveys the gateway function of the building at the northern entry to the park. Crafted in clearly legible tamped layers, the material articulates an architectural form that constitutes a fascinating complement to the park landscape, precisely through its lack of conventional technical perfection.

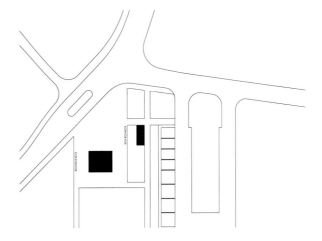

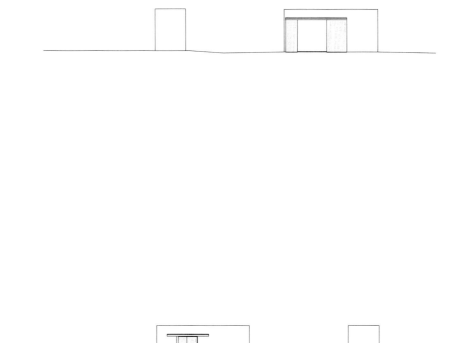

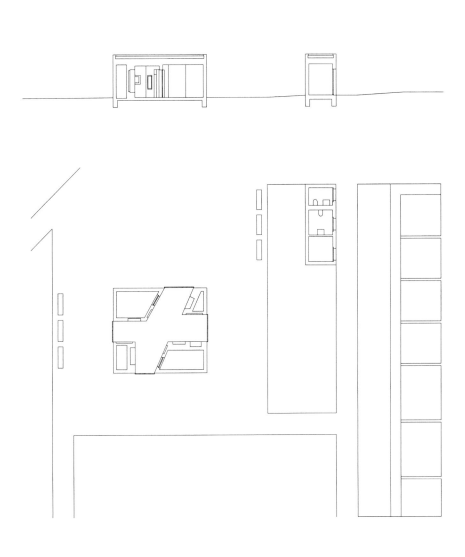

Schloss Heidelberg zählt zu den bedeutendsten Bauwerken der Renaissance nördlich der Alpen. Das Besucherzentrum befindet sich an der historischen Stützmauer zwischen dem Gärtnerhaus und der ehemaligen Sattelkammer, die von Max Dudler zum Restaurant umgebaut wurde. Die drei Gebäude bilden nun als Ensemble den Auftakt zum Schloss. Die Architektur des Neubaus entwickelt sich aus der Vorstellung des Gebäudes als skulpturalem Steinblock. Die über zwei Meter dicken Wände sind nicht massiv, sondern beherbergen die Nebenräume und vertikalen Erschließungen des zweigeschossigen Hauses. Die äußerst tiefen, entsprechend den gewählten Blickachsen präzise angeschrägten Laibungen lassen Neubau und Monument in einen Dialog treten. Auch über die Terrasse im zweiten Geschoss blickt der Besucher bereits auf die Schlossruinen. Die selbsttragende Fassade einschließlich des Daches wurde im ortstypischen rötlichen Neckartäler Sandstein ausgeführt.

Heidelberg Castle numbers among the most important Renaissance buildings north of the Alps. The visitor center is placed next to the historical retaining wall between the gardener's house and the former tack room, which was converted into a restaurant following Max Dudler's designs. Grouped as an ensemble, the three buildings now form the entrée to the castle. The new building's architecture evolves out of the idea of the structure as a sculptural block of stone. The walls, which are over two meters thick, are not massive, but accommodate ancillary rooms and vertical access routes for the two-storey building. The extremely deep, precisely chamfered reveals, positioned to correspond to the chosen sight lines, set up a dialogue between the new building and the monument. Visitors can also enjoy views of the castle ruins from the second-floor terrace. Both the self-supporting façade and the roof are executed in typical regional red Neckartal sandstone.

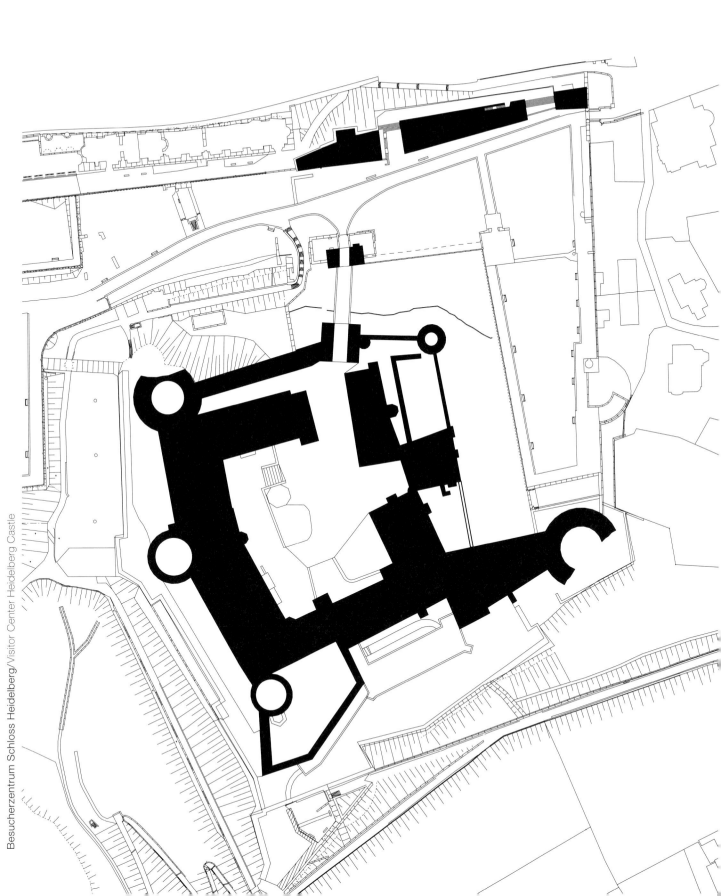

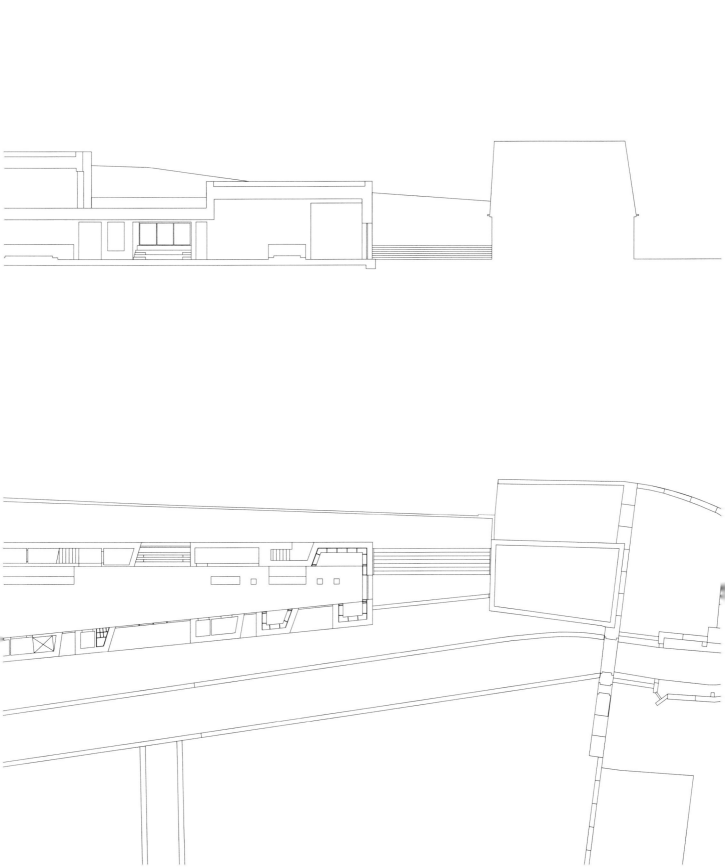

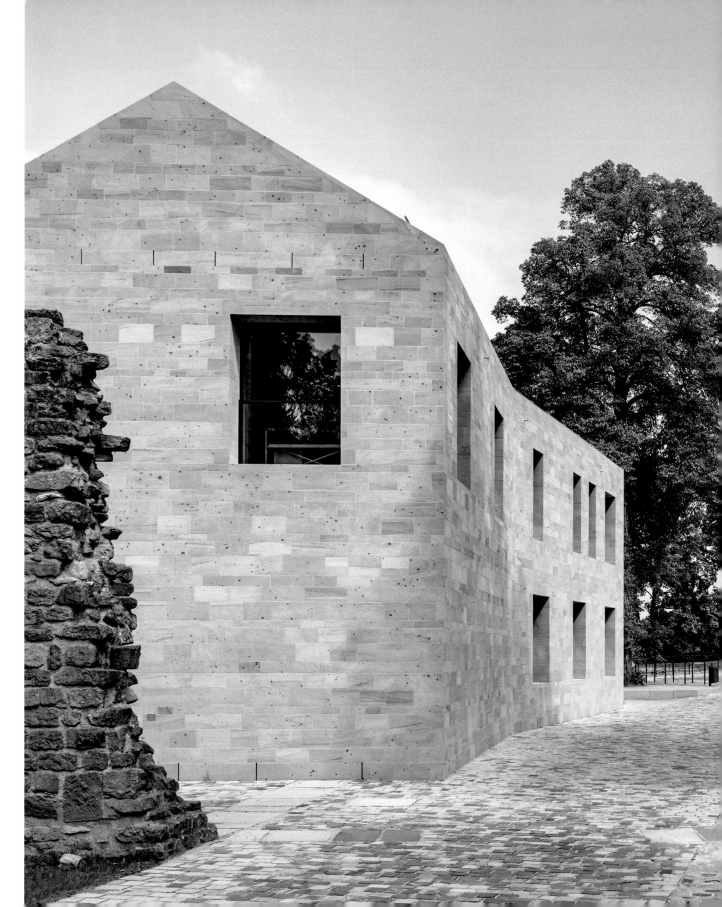

Das Hambacher Schloss, Schauplatz des „Nationalfestes der Deutschen", repräsentiert in einzigartiger Weise europäische und deutsche Geschichte. Ziel des zeitgenössischen Eingriffs war, die erhaltene Substanz behutsam zu bereinigen, zu öffnen und zu verdichten. Die Interventionen sollten den historischen Bestand lediglich unterstützen und nicht wesentlich eingreifen, sodass räumliche und chronologische Zusammenhänge wieder lesbar werden. Im Süden wurde das Schloss um einen Restaurantneubau ergänzt, der sich architektonisch an den historischen Wehrmauern orientiert. An der äußeren Ringmauer wurde ein neues Besucherhaus errichtet, dessen Kubatur sich aus der archetypischen Hausform entwickelt und den typologischen Charakter des Nebengebäudes verstärkt. Seine Anordnung reflektiert die bauliche Hierarchie der Schlossanlage: gekrönt vom eigentlichen Schloss, entfaltet sie sich über die innere Ringmauer bis hin zur äußeren Mauer mit dem Besucherhaus. Für die Fassaden wurde der ortstypische gelbe Leistädter Sandstein verwendet, der schon im historischen Schlossgebäude zur Anwendung kam.

Hambach Castle, which once hosted the "National Festival of the Germans," is a unique symbol of European and German history. The contemporary scheme adopts a cautious strategy in cleaning, opening up, and heightening the intensity of the surviving fabric of the building. The interventions aimed to highlight the existing historical structures without significantly altering them, in order to make the connections between different spaces and time periods more clearly legible. The new restaurant building that has been constructed to the south of the complex can be read as a continuation of the historical defensive fortifications. A new visitor center was constructed on the external encircling wall; its volumes, inspired by the archetypical form of the house, underscore the typology of the adjacent building. The configuration reflects the architectural hierarchy of the castle ensemble: crowned by the castle itself, it unfurls across the inner encircling wall to the outer wall with the visitor center. The façades incorporate the region's typical yellow Leistädt sandstone, which also features in the surviving structures from the original castle.

Besucherhaus Hambacher Schloss/Visitor Center Hambach Castle

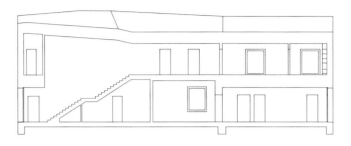

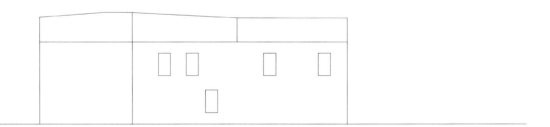

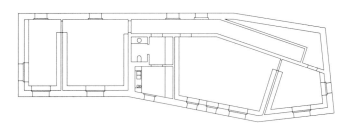

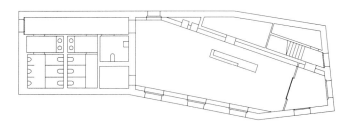

Die Innenstadt Heidenheims ist durch eine Nachkriegsarchitektur geprägt, die sich in ihrer Erscheinung deutlich von der historischen Bebauung der Altstadt unterscheidet. Der Bibliotheksbau verbindet beide Teile der Stadt miteinander. Die städtebauliche Setzung und Ausformulierung des neuen Stadtbausteins bezieht sich direkt auf die innerstädtisch vorhandenen Typologien: Gasse, Platz und Promenade. Aus der Transformation der „gewachsenen" Stadt entsteht so ein skulpturaler Baukörper – eine Stadtsilhouette. Im Zusammenspiel mit der benachbarten Pauluskirche und dem alten Rathaus ist der Neubau sowohl als Solitär als auch als Teil der städtischen Textur lesbar. Die tief eingeschnittenen Fenster inszenieren den Blick in den Stadtraum und wechseln mit fein perforierten Klinkerwandflächen. Der Bibliotheksbereich erstreckt sich als stützenfreies Raumkontinuum über das gesamte zweite Obergeschoss und bildet die formgebende, markante Silhouette des Gebäudes. Café, Veranstaltungssaal, Medienzentrum und Stadtarchiv ergänzen die Nutzung der Bibliothek.

The postwar architecture in downtown Heidenheim gives this area a very different look from the old town with its historical buildings. The new library creates a connection between these two parts of the city. The positioning and articulation of this new urban component within the cityscape relates directly to the typologies that shape the city center: alley, square, and promenade. A sculptural structure comes into being—a city silhouette that emerges from the transformation of the organically developed townscape. Interacting with the adjacent St. Paul's Church and the Old Town Hall, the library can be read both as a stand-alone edifice and as part of the urban fabric. The deep-set windows create a mise-en-scène of views across the city and alternate with subtle clinker brick surfaces that are pierced by multiple small openings. The library area extends across the entire second floor as a continuous uninterrupted space, shaping the building's defining, striking silhouette. A café, a meeting hall, a media center, and a city archive complement the use of the library.

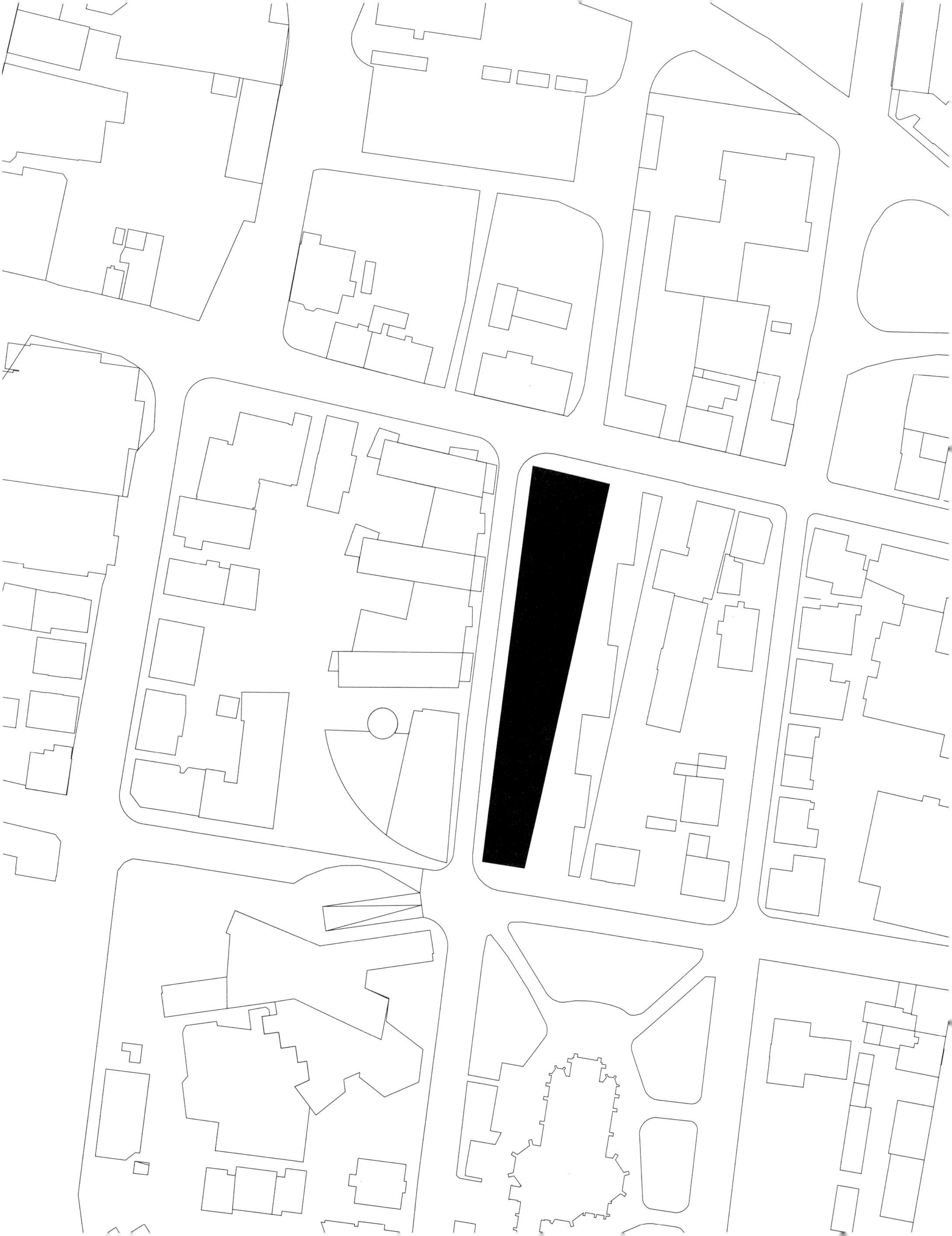

Stadtbibliothek Heidenheim/City Library Heidenheim

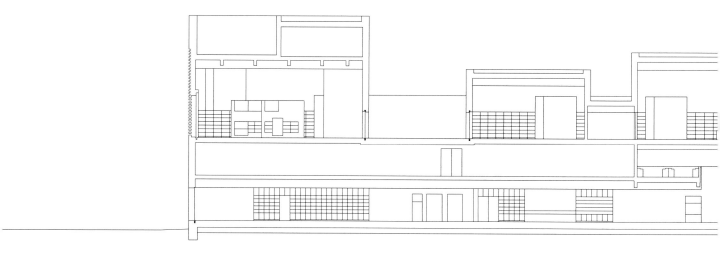

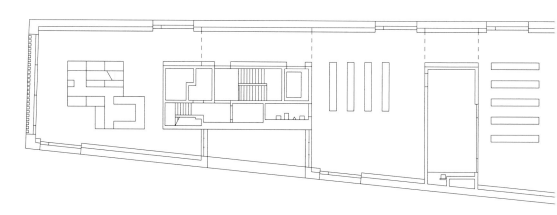

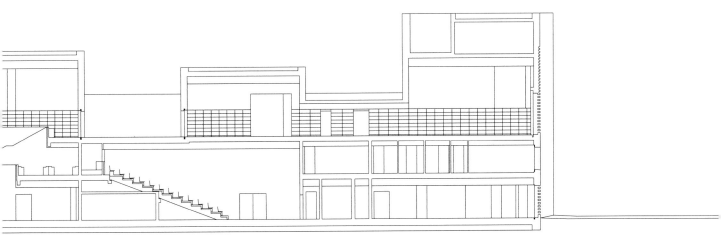

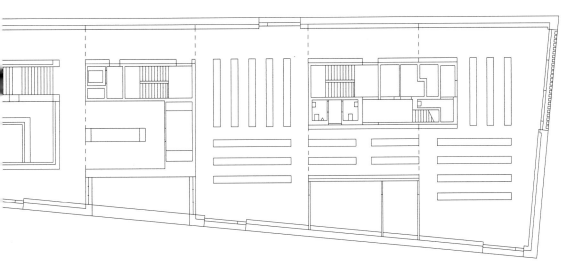

Der Neubau für die Berliner Waldbühne gibt dem berühmten Veranstaltungsort einen Backstagebereich, der die einer Weltstarbühne angemessene Repräsentativität ausstrahlt. Max Dudler transformierte die Typologie des antiken Tempels in eine überraschend moderne, radikal minimalistische Form. Diese Referenz auf den Tempel stellt den Bezug zur antikisierenden Architektur der Waldbühne her. Zugleich gelingt es der Architektur, sich auf fast klassische Weise mit dem Naturraum zu verbinden. Neben der als Amphitheater gestalteten Waldbühne fügt sich der Neubau zurückhaltend und harmonisch in die denkmal- und naturgeschützte Außenanlage ein. Außerhalb des Blickfeldes der Zuschauertribüne positioniert, schiebt er sich pavillonartig auf eine kleine Waldlichtung am Fuße eines Hangs nordöstlich der Waldbühne. Auf beiden Seiten öffnen zweigeschossige Kolonnaden das Haus zum Wald und bieten einen geschützten Außenbereich als Vorraum des Gebäudes. Seine volle Wirkung entfaltet der anthrazit-schwarze Baukörper mit den strengen, geometrischen Linien bei abendlicher Illuminierung durch die bündig in die Fassadenstützen integrierten, schmalen Lichtstreifen.

The new addition to Berlin's Waldbühne provides the famous event location with a backstage area befitting an arena that hosts the world's stars. Max Dudler transformed the typology of the ancient temple into a surprisingly modern, radically minimalist form. This reference to the temple establishes a connotation with the antique architecture of the Waldbühne, while at the same time the architecture is embedded into the protected natural space in an almost classic way. The new building blends harmoniously into the outdoor heritage site with its amphitheatre stage. Positioned out of sight of the auditorium, it lies like a pavilion in a small woodland glade, northeast of the Waldbühne at the foot of a slope. On both sides, two-storey colonnades open up the house to the woodland and provide it with a sheltered outdoor anteroom. The anthracite black building with its strict geometric lines unfolds its full impact in the evening, illuminated by the narrow, flush-mounted light strips, which are integrated into the façade columns.

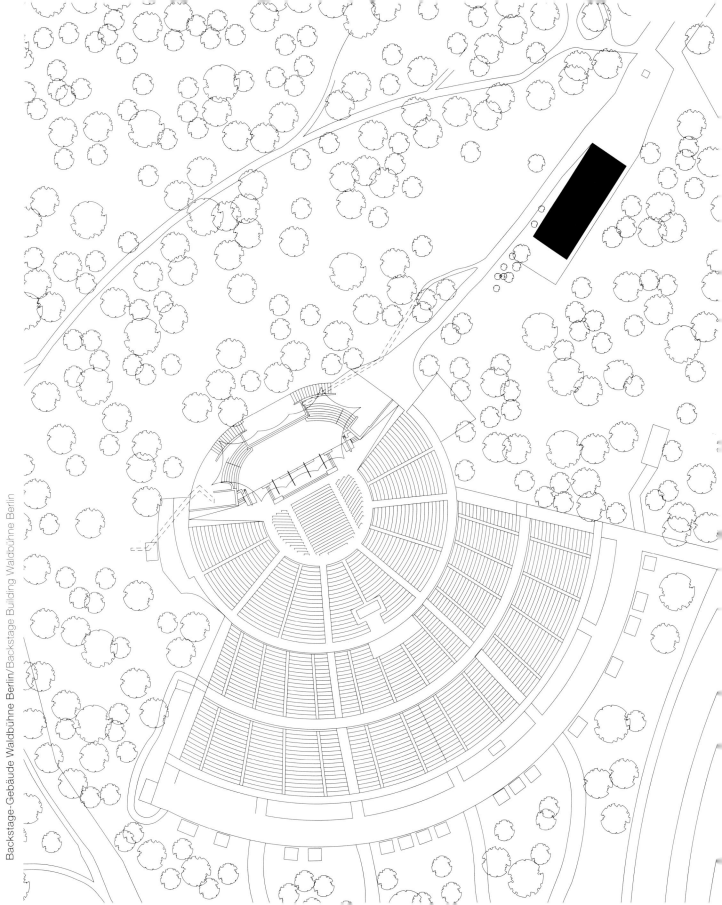

Backstage-Gebäude Waldbühne Berlin/Backstage Building Waldbühne Berlin

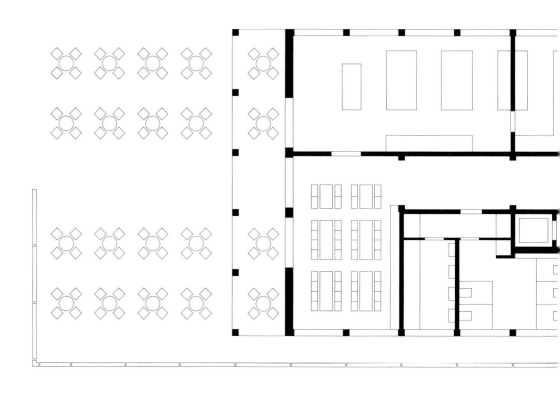

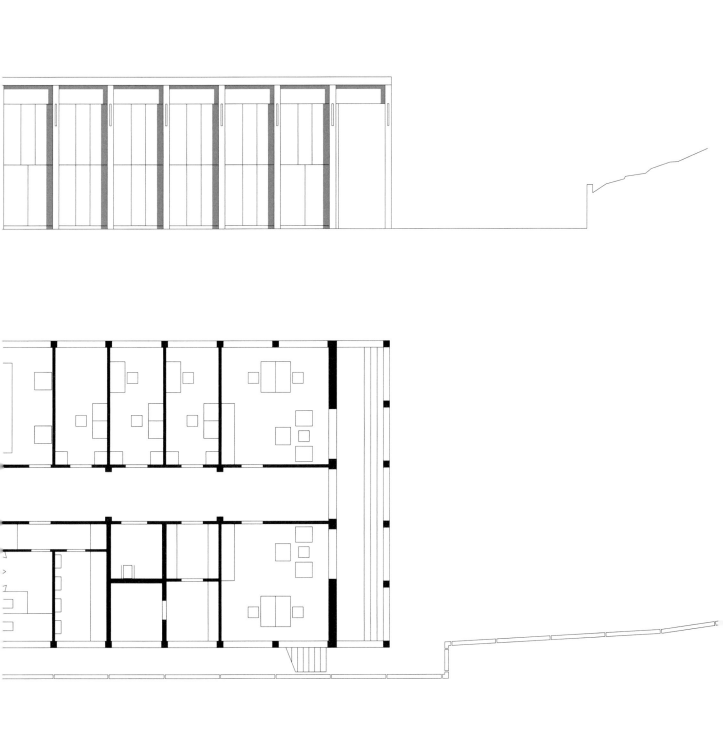

Das 1740 für das ehemalige Weingut des Prämonstratenser-klosters Wadgassen errichtete und lange im Besitz des Bischöflichen Priesterseminars Trier befindliche Gutshaus ging 2007 in privaten Besitz über und wurde zu Gästehaus, Weingutsvinothek, Veranstaltungsort und Privatwohnung umgebaut und modernisiert. Die Entwicklung des Anwesens verfolgte das Ziel, die solitäre Wirkung des spätbarocken Gutshauses herauszuarbeiten und die Weinbergskulisse in die Gestaltung der Anlage einzubeziehen. Das Gutshaus wurde um zwei räumlich getrennte und achssymmetrisch ausgebildete Neubauten ergänzt. Die Remise ist vollständig – inklusive des Daches – aus Stampfbeton gefertigt und beherbergt die Technikräume sowie zwei Gästezimmer. Ihr monolithischer Charakter stellt das Gegenstück zum filigranen Stahl und Glas des Gewächshauses auf der anderen Seite des Haupthauses dar. Die harmonische Fassung des Gesamtensembles gelingt durch die Landschaftsarchitektur von Bernhard Korte.

The historic manor house from 1740, originally part of Wadgassen Premonstratensian Monastery's erstwhile wine-growing estate, and then under the aegis of Trier Seminary, was sold to a private owner in 2007; it was subsequently modernized and converted into a guest house, estate vinothèque, event venue, and private apartment. The conversion, respecting heritage conservation considerations, aimed to preserve the building's Baroque flair. Spatially distinct and axially symmetrical new buildings, which accomodate service functions, complement the existing structure. The new additions form an ensemble with the Baroque manor house, although their design does not directly echo its architectural style, instead referencing the surrounding vineyard landscape. The two-storey outhouse contains utility rooms and further guest accomodation. The entire structure, including the roof, is in tamped concrete. The outhouse's monolithic air can be read as a counterpoint to the elegant steel and glass greenhouse on the other side of the main building.

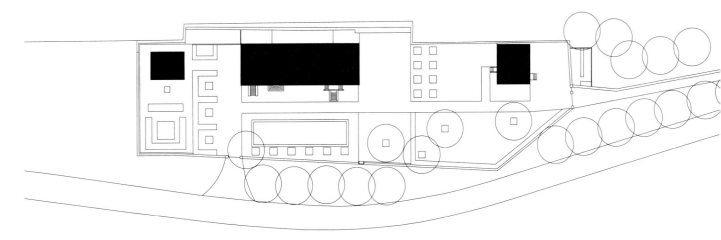

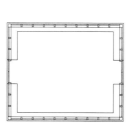

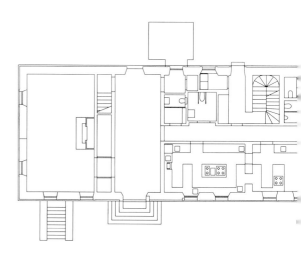

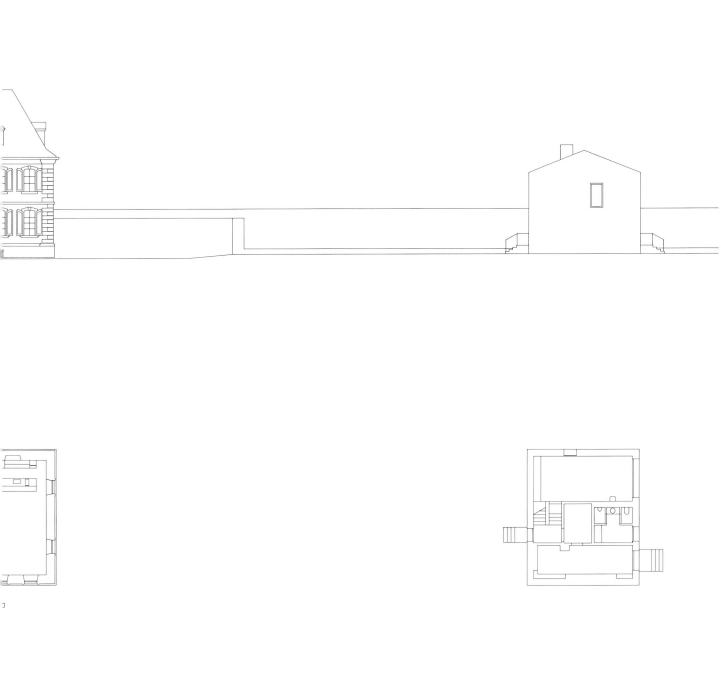

Das Bochumer Eisenbahnmuseum ist eines der größten seiner Art in Deutschland. Historische Schienenfahrzeuge und denkmalgeschützte Gebäude zeugen hier von der Historie des technischen Fortschritts. Das Empfangsgebäude verleiht dem Museum eine klare Eingangssituation, die den Besucher in das weiträumige Außengelände leitet. Der eingeschossige Ziegelbau mit der turmartig emporragenden Eingangsfront fügt sich als skulpturaler Körper in das Areal ein. Mit dem vorgelagerten Museumsbahnsteig bildet er eine Figur, deren Dynamik den Schwung der umgebenden Gleisanlagen nachzeichnet. Beton, Stahl und Klinker nehmen das Echo der alten Eisenbahngebäude und des von Schwerindustrie geprägten Ruhrgebiets auf und schreiben es in einer zeitgenössischen Architektur fort. Der monolithisch wirkende Turm dient zugleich als Foyer und Landmarke mit Signalfunktion. Er eröffnet den Blick in den schmalen, lang gestreckten Museumsraum, der sich durch ein großes Fenster auf die Gleise öffnet. Roher Sichtbeton verleiht dem Innenraum industriellen Charakter, die sichtbar verlegte Technik betont dabei den linearen Raumfluss.

The Bochum Railway Museum is one of the largest of its kind in Germany. Its historical railway vehicles and listed buildings bear witness to a rich history of technological progress. The reception building provides the museum with a clear entrance configuration that directs visitors into the expansive outdoor area. A single-storey brick structure with a dominant, tower-like entrance front, the building blends into the surroundings as a sculptural body and, together with the preceding museum platform, generates a form that echoes the dynamism of the surrounding railway tracks. The old railway buildings and the heavy industry of the Ruhr region find resonance in the concrete, steel, and clinker brick, which carry it forward in a contemporary architectural expression. The monolithic tower serves as both a foyer and a landmark with a signalling function, directing the view into the narrow, elongated space and opening out onto the tracks via a large window. Exposed concrete lends the interior an industrial character, while the visible technical fixtures emphazise the linear flow of space.

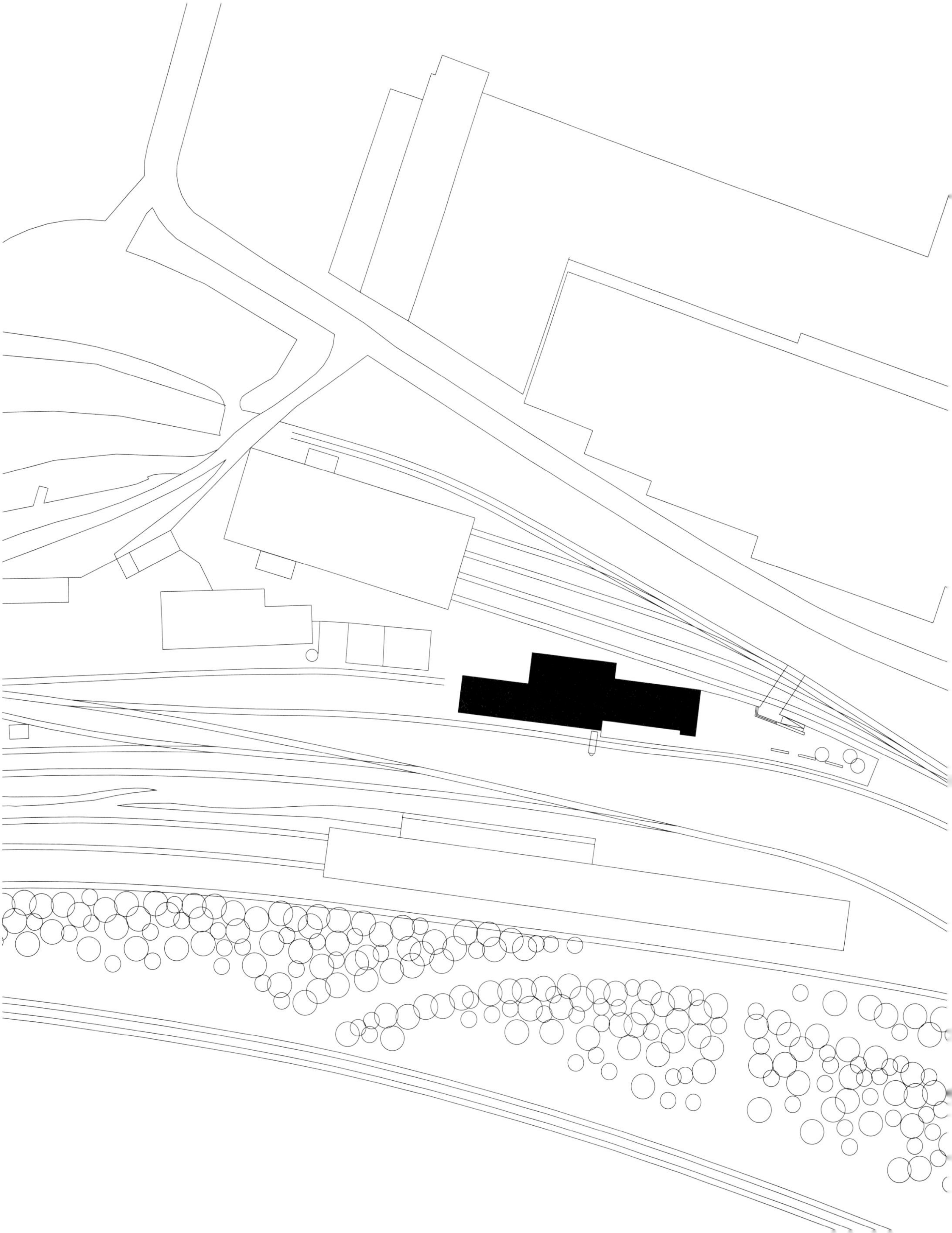

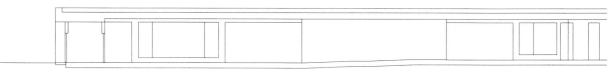

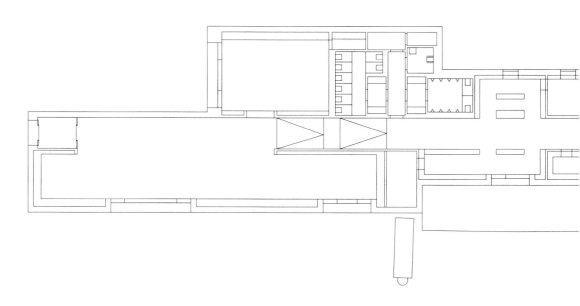

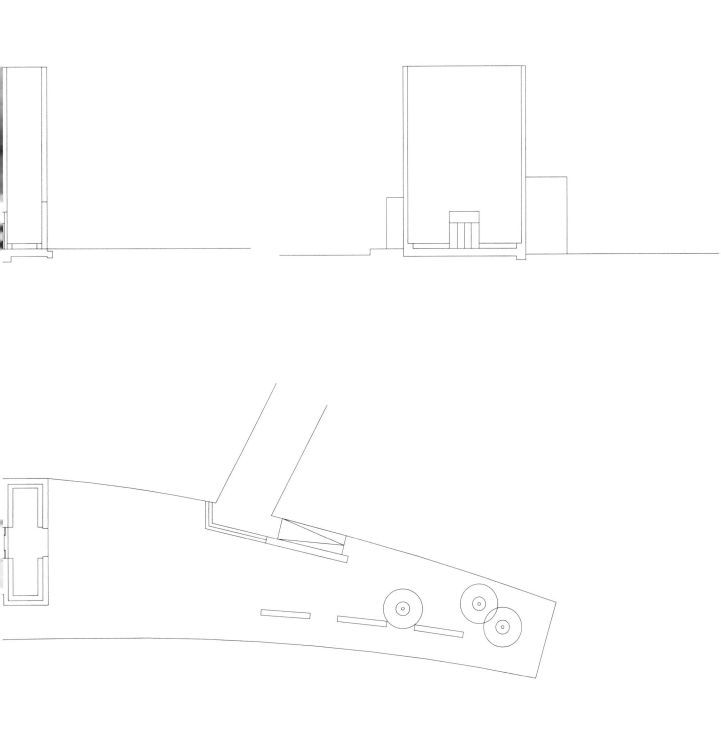

Der U-Bahnhof Museumsinsel sowie die neuen Bahnhöfe Rathaus und Unter den Linden bilden den sogenannten Lückenschluss der U-Bahn-Linie U5 zwischen Brandenburger Tor und Alexanderplatz. Die Station Museumsinsel wird einen gänzlich neuen Ort im kulturellen Herzen der Stadt definieren: Der 180 Meter lange Bahnhof verläuft südlich der Schlossbrücke unter dem Spreekanal und dient als unterirdisches Entree für die bedeutendsten kulturellen Institutionen der Stadt. Das architektonische Thema der U-Bahn-Station leitet sich von dem Fehlen natürlichen Lichts unter der Erde ab: die ewige Nacht. Die beiden gewölbten Bahnsteigtunnel sind in Anlehnung an das historische Bühnenbild von Karl Friedrich Schinkel aus dem Jahr 1816 für die Mozartoper *Die Zauberflöte* gestaltet. Ein leuchtendes Ultramarinblau und 6662 Lichtpunkte lassen es wie einen Sternenhimmel erstrahlen.

Along with the new Rathaus and Unter den Linden metro stations, the Museumsinsel station fills in the missing links along the U5 metro line between Brandenburger Tor and Alexanderplatz. The Museumsinsel stop will define an entirely new location in the city's cultural heart: the 180-meter-long station runs under the Spree Canal south of the nearby bridge, Schlossbrücke, and serves as a subterranean foyer for the city's most important cultural institutions. The stations' architectonic theme stems from the dearth of natural light underground: the eternal night. The luminous cobalt blue deployed for the two vaulted tunnels containing the platforms is dotted with bright point-sources of light, evoking the star-studded firmament and echoing Karl Friedrich Schinkel's 1816 stage design for *The Magic Flute*.

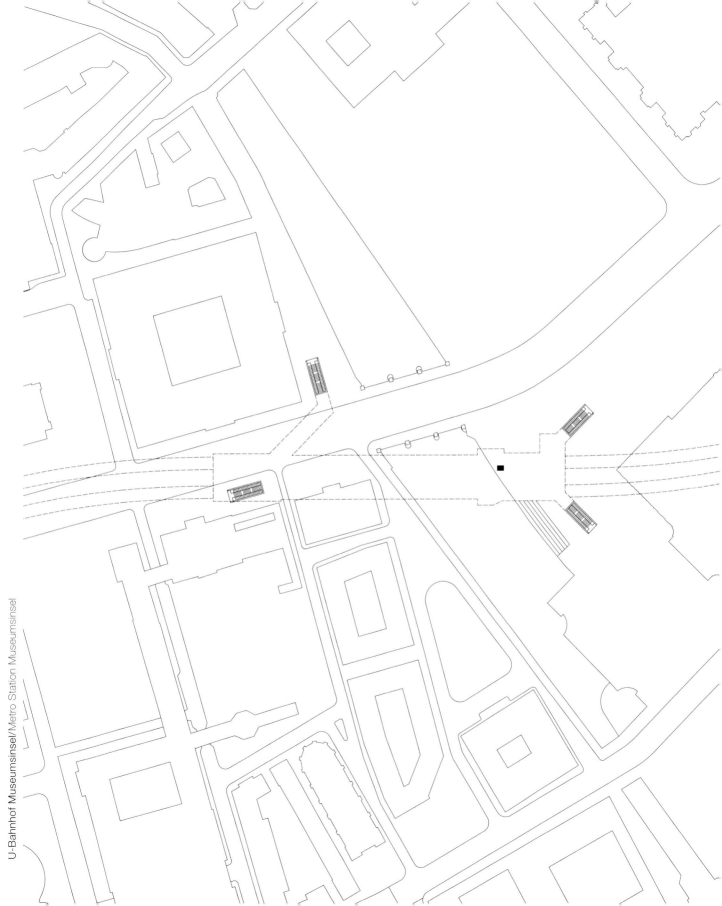

U-Bahnhof Museumsinsel/Metro Station Museumsinsel

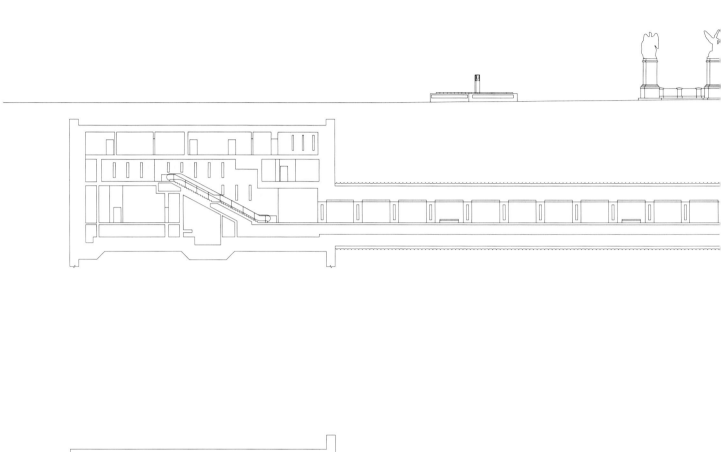

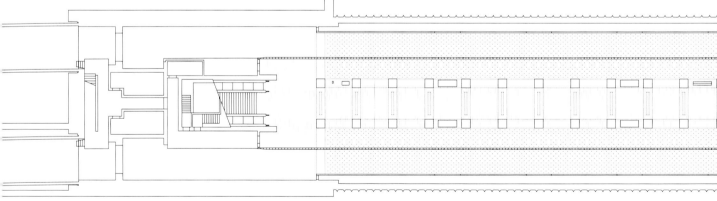

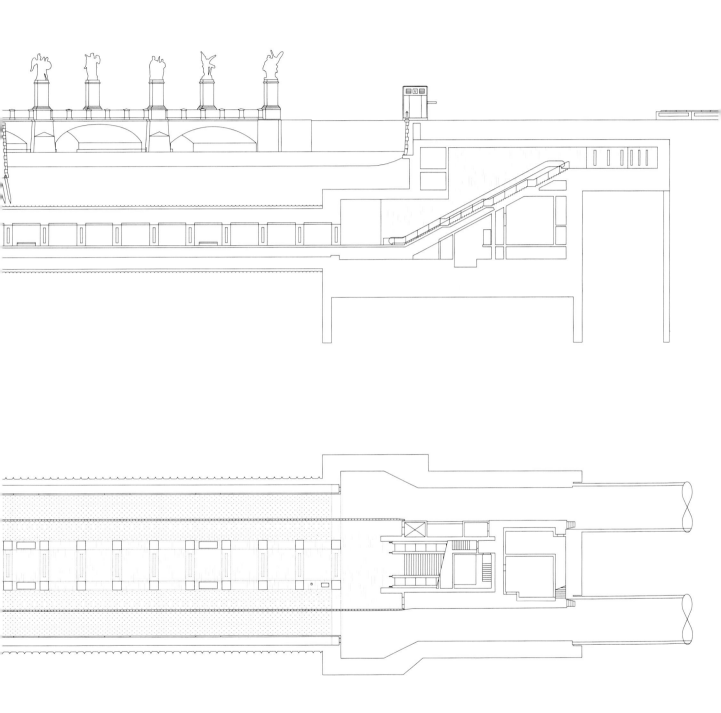

Die Erweiterung der Bertradaburg vereint Max Dudlers Ansatz des Weiterbauens historischer Monumente mit den Ansprüchen zeitgenössischen Wohnens. Ein additiver Baukörper fügt sich als funktionaler wie gestalterischer Vermittler in den Bestand ein und verleiht der Burg erneut ihre verloren gegangene Einheit. Dabei zielt der Entwurf in Formgebung und Materialität auf eine Balance zwischen Harmonie und ablesbarem Kontrast. Der Neubau ist als eigenständiges Volumen mit abstrakter, skulpturaler Anmutung klar ablesbar und referenziert dabei die historische Typologie.

Mit konkav geschwungener Figur reagiert er auf die Formensprache der Burgrondelle und -türme, die er zeitgenössisch transformiert. Während Palas und Doppeltürme in ihrer äußeren Form vom Eingriff unberührt bleiben, schließt der Neubau wie selbstverständlich die zerstörte Südfassade der Burg. Das helle Ziegelmauerwerk verzahnt sich mit den alten Bruchsteinmauern der Burg. In seiner homogenen Wirkung kontrastiert der neue Baukörper dabei deutlich mit dem vielfältigen Wechselspiel von Farben und Formaten des Bestands. Im Innenraum treffen die alten weiß verputzten Wände des Palas auf zeitgenössischen Sichtbeton. Der Beton setzt das Motiv des abstrakten, skulpturalen Baukörpers auch im Innenraum fort.

The extension of Bertrada Castle combines Max Dudler's approach of continuity in the handling of historical monuments with the demands of contemporary living. An additive building structure fits into the preexisting structure as mediator—functionally and in terms of design—helping the castle to regain its lost homogeneity. In terms of form and materials, the design aims for a sense of harmony, while still retaining a legible contrast. The new building is clearly marked out as an independent structure with an abstract, sculptural appearance, while referencing the historical typology.

With its concave shape, it responds to the formal language of the castle's turrets and towers, which it transforms in a contemporary manner. While the great hall and double towers remain untouched in their outer form by the intervention, the new building brings a natural closure to the ruins of the southern façade. The light-colored brickwork interlocks with the old quarry stone walls of the castle. The homogeneous appearance of the new building clearly contrasts with the varied interplay of colors and formats of the preexisting structure. Inside, the old white plastered walls of the great hall meet contemporary exposed concrete. The concrete picks up the abstract, sculptural principle of the new building, bringing it into the interior.

Bertradaburg Mürlenbach/Bertrada Castle Mürlenbach

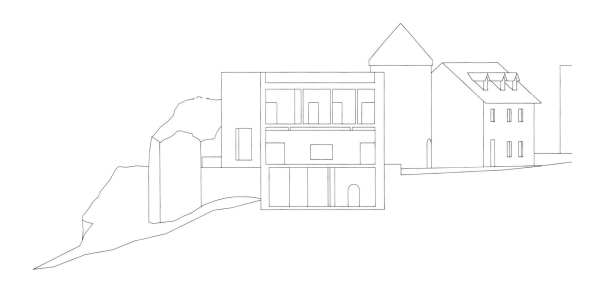

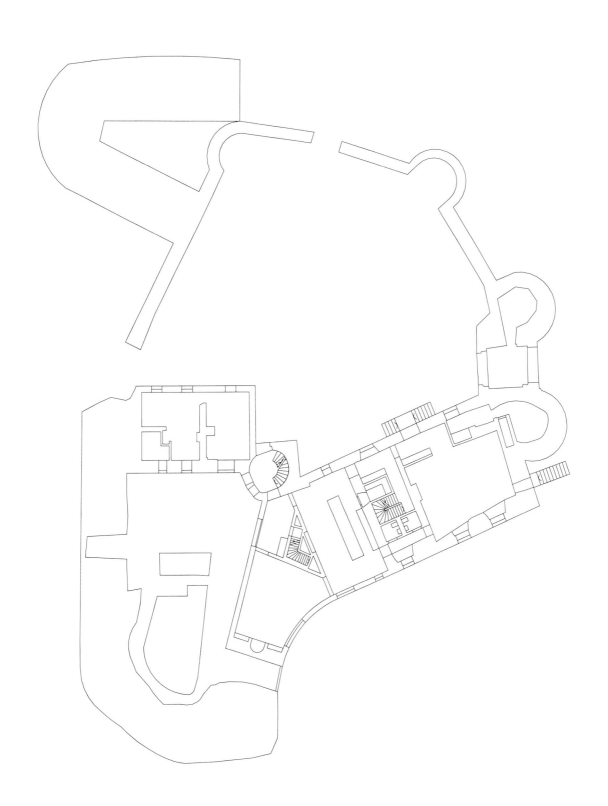

Albert Kirchengast   Körperliche Abstraktion

„Mich stört fast alles."
Max Dudler

„Doch dieses Festhalten an den Dingen
offenbarte mir meinen Beruf."
Aldo Rossi

Manche meinen, einen „Dudler" erkenne man auf den ersten Blick. Diese Wahrnehmung bleibt an der Oberfläche haften, sollte sie denn zutreffen. Vielleicht ist „Erkennen" auch gar nicht die entscheidende Kategorie. Auf die spontane Frage hin, weshalb sich seine Architektur mit einer gewissen Strenge, Schwere, ja manchmal sogar Härte darstelle, die sich der geläufigen Aneignung widersetzt, lässt man sich wirklich auf sie ein, meint Max Dudler mit Nachdruck: „Erst Widerständigkeit erlaubt echte Identifikation."[1]

Im Gespräch betont er konsequent den Kunstcharakter des architektonischen Projekts, auch wenn im Dudler'schen Entwurfsprozess Form – der Ur-Rhythmus aus Öffnen und Verschließen –, Material – dessen Opazität – oder eben der Ausdruck des Baukörpers der Setzung im Stadtraum erst nachfolgen, der Städtebau also allem vorausgeht. Den heute vielerorts verlorenen urbanen Raum hilft diese Baukunst in entscheidendem Maße zu restituieren. Mit ihm aber schafft sie auch eine Bühne von Beziehungen, in die sich der Mensch verstrickt, angeregt vom Entgegenstehen jener Bauten, die sich der atemlosen Bildhaftigkeit, dem endlosen Verweischarakter der Gegenwart vehement verschließen. Sie sind eben widerständig, laden zu einer anderen Art der Identifikation ein. Es ist interessant, dass dieses eigentümlich-affektive Geschehen, der „physische" Dialog zwischen erlebendem und architektonischem Körper so wenig Beachtung findet.[2]

Erst, was man sich aneignen müsse, erlebe man wirklich – so die schnelle wie überlegte Auskunft des Architekten. So könnte die Haltung eines Neo-Avantgardisten lauten, vergegenwärtigt man sich etwa ein berühmtes Manifest des Russischen Formalismus aus dem Jahr 1916. Viktor Šklovskijs „Die Kunst als Verfahren" fordert in einer weithin bekannten Sentenz: Der Stein muss wieder steinern werden! Es geht um die „Entautomatisierung" der Wahrnehmung in der müden Welt voller Maschinen und Massen. „Um das Empfinden des Lebens wiederherzustellen, um die Dinge zu fühlen, um den Stein steinern zu machen, existiert das, was man Kunst nennt. Ziel der Kunst ist es, ein Empfinden des Gegenstands zu vermitteln, als Sehen und nicht als Wiedererkennen; das Verfahren der Kunst ist das Verfahren der ‚Verfremdung' der Dinge und das Verfahren der erschwerten Form, ein Verfahren, das die Schwierigkeit und Länge der Wahrnehmung steigert."[3] Die frische Fremdheit von Max Dudlers Bauten scheint dieser Aufgabe bestens nachzukommen, auch wenn diese sich nicht mehr und gerade nicht aufs „Sehen" allein verlässt.

Denn zugleich wirken sie wohlvertraut, was seinen Ursprung in der Entwicklung dieses Architekturgedankens haben dürfte: Oswald Mathias Ungers, in dessen Büro Max Dudler einige Jahre gearbeitet hat und den er als Referenz seines Tuns nennt – neben Aldo Rossi und Adolf Loos –, hatte ja den „Avantgardismus" dezidiert als überholt erklärt: „Die Avantgarde hat die Identität der Kunst geleugnet und gleichzeitig ausgelöscht. An ihre Stelle traten Einfälle, Visionen, Gags, hemmungslose Selbstdarstellungen und das Chaos der Werte und Bezüge."[4] Ungers Dialektik aus Einheit und Vielheit begründet die humanistisch-abendländische Baugestalt aus Zahl und Proportion, aus Pantheon und Parthenon. Das Neue entwickelt sich hier als stets wieder Entdecktes. Die *ratio* der Architektur liegt in der Tiefe einer autonomen Kunstform geborgen; im einzelnen Bauwerk tritt sie immer wieder in geheimnisvoll-morphologischen Operationen ins Leben. Wie „soll es Identität geben, wenn es keine Geschichte gibt?",[5] fragt Ungers zu Recht.

Wie aber, wenn sich Geschichte nicht allein in der Form ereignet, sondern eben in ihrer Erscheinungsweise? Ungers' „Röntgenblick" befördert architektonische Déjà-vus, nicht Prozesse der Wahrnehmung. Diese „Identität" scheint von Dudlers „Identifizieren" so verschieden wie eine weiße Putzfläche von einem steinernen Gefüge. Präsenz und Prozess finden in Dudlers steinerner Dinglichkeit eigentümlicherweise zusammen und nehmen an einer anderen, ebenso elementaren Geschichte architektonischer Formen teil. Sie findet in einer Ästhetik der Moderne Vorläufer, die sich seit dem 18. Jahrhundert am architektonischen Körper entwickelt. Étienne-Louis Boullée etwa hielt durch die Wirkung unvergesslicher Monumente die Identität eines gemeinsamen Projekts aufrecht, das nicht erst seit Ende der Stilform um 1900 infrage steht. Es ist das revolutionäre Projekt einer ästhetischen Vernunft, durch das die Bauform gerade im Empfinden von Gewicht und Raum „sprechend" bleibt. Bibliotheken, Opernhäuser, Versammlungshallen, Gerichte, aber auch Friedhöfe sind Teil dieser Bauwelt einer visionären, „ewigen" Metropole.

„Flirting with Eternity" hat Werner Oechslin einen Kommentar zu Max Dudlers Werk kokett überschrieben und vermerkt die hier angesprochene Spannung zwischen Empfindung und Form, zwischen absolutem Auftritt und erlebter Präsenz. Oechslin begreift diese Bauten als ein geschlossenes System und erkennt darin ihre genuine Qualität: „There is no space left for any added ornament [...] the structure remains true to itself, forms its own *ornamentum*, to which nothing can be added and from which nothing can be taken." Eine Kreativität im Rückzug auf das Wesentliche, darin modern und doch uralt, eine Architektur der „nackten Wand",[6] die von dort erst zögerlich zu ihrer Tektonik findet. Leon Battista Albertis nüchterne Formel der *concinnitas* bezeichnete ja jene Gestalt, von der man nichts wegnehmen, der man nichts hinzufügen, an der man nichts verändern dürfte, ohne sie weniger gefällig zu machen.

Das hat natürlich Sprengkraft: Wie könnte man das erreichen? Albertis Renaissance-Traktat gibt eben auch darüber Auskunft, dass die Architektur zunächst immer erst nackt sei, um bekleidet zu werden nach dem Bauplan der antiken Rhetorik – sollte man sich auf die Form der „Kleider" einigen können, um somit ein sich durchaus im Detail wandelndes Bauglied einzufügen. Die Frührenaissance, in wachsendem bürgerlichen Stolz, betrieb also Rückschau auf die europäischen Ursprünge der kunstvollen Sprache der Antike. Die Ausdruckslehre eines Cicero war an eine bürgerliche Gemeinschaft gerichtet, die sie im selben Moment zu stiften hilft: Als Überwinderin gesellschaftlicher Brüche verschweißt sie die Identität einer Klasse mit der Idee von *polis*, Markt und Rede. Für Alberti allerdings war der gut gefügte Körper der Architektur selbst bereits vollständig, aus sich heraus, aus seiner körperhaften Ur-Form – der Schmuck wird zum Zugeständnis an die Zeit und an die Verständigung der Menschen untereinander. Er macht indes ein Bauwerk auch geschmeidiger, zugänglicher: „Sind wir davon überzeugt, so wird der Schmuck gleichsam ein die Schönheit unterstützender Schimmer und etwa deren Ergänzung sein. Daraus erhellt, meine ich, dass die Schönheit gleichsam dem schönen Körper eingeboren ist und ihn ganz durchdringt, der Schmuck aber mehr die Natur erdichteten Scheines und äußerer Zutat habe, als innerlicher Art sei."[7]

Welche tiefer liegende Grammatik verständiger Nüchternheit wird hier gesprochen, die nicht auf Moden und Formalismen gründet? Es ist eben die des Baukörpers, in dem wir unserem eigenen Körper wieder begegnen. Er ist Ausdruck des Bauens, des Machens, der Hände, die fügen und Stoffe bearbeiten, die der Logik der Schwere gehorchen – er bedeutet Widerstand. Er leistet nicht nur Widerstand gegen das Fallen, sondern steht dem Betrachter als geistiges Erlebnis entgegen.

Die Literatur kennt eine ähnliche „Metaphysik" körperlicher Unmittelbarkeit. Sie setzt an jenem epochalen Bruch an, für den die europäische Stadt zur besten Zeugin geworden ist.

Gerade der Zusammenhang von Literatur und einer vom Dekor entkleideten Architektur ist interessant: „Wo es Stil gibt, da waltet ein Ordnungs- und Auswahlprinzip in allen Formen des menschlichen Seins und Handelns, und jeder Stilwechsel ist auf eine Änderung in der Art des Auswählens und des Ordnungssetzens zurückzuführen."[8] So blickt Hermann Broch in den 1950er Jahren zurück auf *Hofmannsthal und seine Zeit* – auf das Wien von Loos, in dem die häusliche Abstraktion am Michaelerplatz den Bürgern wie eine leere Fratze entgegensah.

Hofmannsthal wiederum waren – wohl aus ganz ähnlichem Impuls – die vertrauten formalen Zusammenhänge der Sprache im Munde zerfallen: „Mein Fall ist, in Kürze, dieser: Es ist mir völlig die Fähigkeit abhanden gekommen, über irgend etwas zusammenhängend zu denken oder zu sprechen",[9] lautet die Stelle, die Gemeingut wurde. Sie kann als ein körperliches Indiz gelten, wenn Sprache ihre eigentliche Funktion der Mitteilung auf andere Weise erfüllt: Worte haben Geschmack bekommen. Ihre formelhaft-verbindende Kraft haben sie verloren, um zu *wirken*.

Broch schreibt in seiner Studie über das ausgehende 19. Jahrhundert mit dem Blick desjenigen, der die großen Kriege hinter sich hat, der Nüchternheit jene sinnliche Qualität zu, die dem falschen Dekor mehr denn opponiert, es ablöst: „Rationalismus geht oftmals mit Lebensgenuß Hand in Hand, denn wer rational denkt, findet zumeist auch, daß man das Genießenswerte im Leben genießen soll" – wenige Zeilen später setzt er der „Entsetzlichkeit" eines leeren Lebens die Notwendigkeit ästhetischer Erfahrung entgegen. In seinem Roman *Die Schlafwandler*, im Kapitel vom „Zerfall der Werte", heißt es bereits: „Und darin scheint mir jene, fast möchte ich sagen, magische Bedeutung zu liegen, wird es bedeutsam, daß eine Epoche, die völlig dem Sterben und der Hölle verhaftet ist, in einem Stil leben muß, der kein Ornament mehr hervorzubringen vermag."[10] Er wendet sich mit seinen Beobachtungen an den ewigen Auftrag der Architektur, denn „was immer der Mensch tut, er tut es, um die Zeit zu vernichten, um sie aufzuheben, und diese Aufhebung heißt Raum."

In diesem Spannungsfeld agiert Max Dudler. Die Präsenz seiner Bauten verleiht ihnen jene Kraft, die aus Widerstand auf kritische Aneignung drängt.

In bemerkenswert klarer Weise hat der Schweizer Architekturtheoretiker Martin Steinmann eine zentrale Weichenstellung der jüngeren Architekturgeschichte offengelegt, in der die Absicht einer solchen Haltung mithin begründet liegen mag. Er blickt zurück auf ein Datum historischen Rangs. Das „politische" Jahr 1968 habe auch für die Archi-

tektur eine Richtungsentscheidung bedeutet: ob man näm-
lich dem eigentlichen Versprechen der architektonischen
Moderne noch folgen könne, Fragen des Lebens durch das
architektonische Projekt zu beantworten, ob letztendlich
an der kulturellen Relevanz einer Baukunst mit Mitteln *sui
generis* festgehalten werden könne. Heute scheint der ge-
sellschaftskritische Impetus solcher Überlegungen aktueller
denn je: Eine Architektur, die nicht darauf vertraut, dass sie
den Menschen aus der Tiefe berührt, wird *à la longue* lediglich zu einer Sache mit hohem oder weniger hohem Unterhal-
tungswert – zu einer bloßen Oberflächenerscheinung. Ihren
lebensweltlichen Einfluss, ihre „einschließende" Rolle müsste
sie aufgeben. Sie wäre doch nur Dekoration oder Funktions-
erfüllerin.

Für Steinmann dagegen lautet die Aufgabe des „Projekts
Moderne", „die Bedingungen der Zeit in der Form sichtbar
zu machen." Diese Formel beansprucht für ihn immer noch
Gültigkeit – gerade im Rückblick, gerade in einer unklaren
Zeit, da wieder alles möglich scheint. Aus ihr wäre ein kriti-
sches Projekt zu gewinnen: das Projekt der neuen Semantik
einer erratischen Form. Zumindest könnte man Steinmanns
Gedanken so fortspinnen, die er aus Aldo Rossis Einfluss auf
die Schweizer Architektur entfaltet und in ein Buch integriert,
das den bezeichnenden Titel *Forme forte* trägt.

Der Veräußerung der „kritischen Autonomie" eines lang
gedienten Metiers gegenüber entgegnete Rossi den ent-
schiedenen Leitspruch „l'architettura sono le architetture".
Aus dem italienischen *neorealismo* kommend, hielt er fest an
einem „Rationalismus", der, von der technischen Abstraktion
der Industriegesellschaft herausgefordert wie angeregt, im
Lapidaren ein Zurück-zu-den-Ursprüngen und ein Vorwärts
gleichermaßen sah, wie schon die italienische Avantgarde
der 1920er Jahre. Radikal neu jedoch war deren Verzicht auf
eine jahrhundertealte Semantik, die Zuwendung zu einer besonderen Körperlichkeit.

Vor diesem Hintergrund – Brochs Gedanken im Kopf, die
„Postmoderne" im Rücken – ist es selbstverständlich, dass
die Vorherrschaft des historisierenden Bildes in der Architektur
der Gegenwart als willkommener Bedeutungsträger ihr Versprechen nicht einlösen kann, drückt sich darin doch lediglich die Verfügbarkeit einer Geschichte als Bild der Geschichte
aus. Gleiches gilt aber für die sich häufenden Raumduplikate
historischer Bauten, die in gewitzter wie perfektionierter Weise aus der Baugeschichte in die Gegenwart auferstehen.

Die Autonomie der Architektur zeigt sich paradoxerweise
erst im Dialog mit den Bedingungen ihrer gesellschaftlichen
Verwirklichung. Retrospektiv heißt das für Steinmann, „dass

Geschichte – und Erinnerung – zu Grundlagen der Architektur wurden."[11] Gemeint wäre eine anders geartete Geschichtserzählung: Jenseits einfacher Kontinuitäten dringt sie in einen geteilten Imaginationsraum vor, in dem die Vorherrschaft von „Typen" gilt, die das „Wesen der Aufgabe charakterisieren".[12] Hier wird die Oberflächensemantik einer herkömmlichen Stilkunde verlassen, die ja für die Moderne nicht mehr an die Tiefenschicht architektonischer Bedeutung anschließen konnte. Der am Körper des Typus haftenden historischen Spur wären Bilder und Stimmungen insofern dienstbar, als sie dabei helfen, eine Geschichte „innerer Notwendigkeit" zu erzählen.

In einem Gespräch mit den Redakteuren einer Schweizer Architekturzeitschrift erscheinen solche Gedanken in heutigem Licht und Steinmann in einen fiktiven Dialog mit Adam Caruso verwickelt, der ja als Entwerfer Aby Warburgs *Bilderatlas Mnemosyne* stets mitzuführen scheint. Die gegenwärtige Verfügbarkeit der Geschichte in Bildern gehört für ihn zur vielversprechenden Offenheit der heutigen Architekturproduktion. Und doch muss Caruso freizügig eingestehen: „Man muss Architektur persönlich und körperlich erfahren. Das funktioniert nicht auf Ebene der Ikonographie und Symbole."[13] Zugleich hält er an der unbedingten Notwendigkeit des bildlichen „Verschmelzens" verschiedener Ikonografien fest – um der „Falle der Abstraktion" zu entgehen, wie er betont. Dies mag ein Symptom jenes Missverständnisses sein, das die Abstraktion des Technischen mit den Möglichkeiten der Architektur verwechselt, auch das Elementare zur Form zu kultivieren.

An anderer Stelle hat Steinmann die positive Rolle von Bildern im Entwurfsprozess in entschiedener Klarheit dargestellt: Sie dürften nicht der Semantik eines rationalen – manchmal eben marktschreierischen Vokabulars – unterliegen, müssten „aufschließenden" Charakter haben. Dieses „Bild" der Architektur „bezieht sich auf Formen, die Erfahrungen schaffen, indem sie sich auf die Erfahrungen mit anderen Formen beziehen. So entstehen Korrespondenzen, die das Wesen eines Bauwerks erschließen."[14]

Erfahrungen weisen hier durch die Kraft der Bilder immer zurück auf mögliche Konstellationen des Architektonischen. Rossi selbst hatte von einer „analogen" Entwurfshaltung gesprochen, um den „logischen Gedanken" der Sprache, der an die Welt da draußen gerichtet sei, von jenem stillen, irrealen, imaginierten, an die Vergangenheit gerichteten zu unterscheiden. Diese Analogie bezieht das Imaginäre im Körper der Architektur mit ein und schafft so einen besonderen Geschichtsraum.

Vielleicht ist das der Grund für die Rätselhaftigkeit, die Rossis notwendigerweise an die Öffentlichkeit gewandtes

Projekt der Stadt begleitet, das seine Motive jedoch aus dem „Traumhaft-Verborgenen" schöpft? Auch Max Dudlers Architektur, so tagesklar sie auftritt, zehrt von einer Geschichtlichkeit der architektonischen Form, deren Verhältnis zu ihrer eigenen Geschichte brüchig geworden ist.

Aldo Rossi kann als eine der Hauptfiguren gelten, die eine scheinbar nüchterne architektonische Form mit dem Tiefenraum der Imagination zu verbinden sucht. Und so illustriert besagten Text Martin Steinmanns gleich zum Auftakt eine Aufnahme des Friedhofs von San Cataldo aus den Jahren 1971 bis 1984, der berühmten Erweiterung einer wunderbaren neoklassizistischen Hof-Architektur. Seine enigmatische Grundrissfigur greift in die Dimension des Städtebaus aus und wird Teil jener Tafel, die Rossi 1976 auf der Biennale von Venedig unter dem Titel *La città analoga* zeigt: als Fragment unter Fragmenten, eine Traumgestalt.

Ähnlich wirkungsvoll waren Luigi Ghirris zehn Jahre später entstandenen Fotografien der nie vervollständigten Anlage. Den architektonischen Gebilden schreiben sie eine prägnante Körperlichkeit von blutleerem Kolorit zu, eine paradoxe Ortlosigkeit von ungeheurer Kraft. Der Takt aufgetürmter Ziegelmassen des historistischen Vorgängerbaus, die Patina der gebrannten Erde ist übergegangen in die kalte Nacktheit des halb in der Fantasie Steckengebliebenen, halb zur Welt Gekommenen. Rossis Bauten besetzen eine geistige Gegend, die nicht an einen spezifischen Ort gebunden bleibt. Künftige Besucher könnte dieses Bauwerk tatsächlich nur noch enttäuschen.

Der Friedhof schließt direkt an die schattenwerfenden Bildwelten aus Rossis Hand an, auf denen Fischknochen neben Grundrissen zu liegen kommen – scheinbar zufällig. Man ahnt, dass es gleichermaßen um die Wirklichkeit des Gebauten wie um das Imaginierte geht, das beigestellt wird als fühlbare Erweiterung des Faktischen. Die Faszination am „frühen" Rossi wird wohl auch davon genährt: von einer Melancholie der Dauer altersloser Bauten – eine Trauerarbeit, wie sie dem Leben nur in besonderen Momenten, eben auch jenen des Todes, den sie ja beherbergen, aufgebürdet ist. Wie sehr Rossis Architektur am „Skelett" als dem alles entscheidenden, dem Alltag verborgenen „Typus" hängt, belegt nicht nur der Knotenpunkt der Friedhofsanlage bei Modena, das Ossarium. Als habe sein Autor auf den Umstand hinweisen wollen, dass Architektur ein stoffliches Aufrichten in der Zeit sei, ein Stehen, kein Liegen: Sie bleibt unvollendet, verlassen; ohne Fenster und Dach wiederholt sich das abgestorbene Leben in der unvollständig bleibenden Form, die sich der Landschaft zuwendet. Nicht aber im Gebauten, sondern im persönlichen Gedächtnis findet sich die Brücke, der lebendige Zusammenhang von Körper und Baukörper, wie die autobiografischen Notizen Rossis bekräftigen. Dem Objekt des Entwerfers wächst darin der Status eines „wiedergefundenen Gegenstands" zu, der aus der Erinnerung auftaucht. Die Ebene der Symbole liegt nicht mehr in der unmittelbaren Kommunikation durch Formelemente, sondern in der Vergewisserung über Vorgänge, die nicht im Bewussten liegen und so auf seltsame Weise „berühren". Rossi erzählt von einem Autounfall auf dem Weg nach Istanbul. Mit der Sprache des Protokollanten, dessen Erinnerungssplitter durch die Weise ihrer Zusammenstellung, unterstützt von Bildern leerer Orte in Schwarz-Weiß, dem Leser unvergesslich bleiben, eröffnet er seine „Autobiografie". Es ist auf geheimnisvolle Weise zugleich die Vorgeschichte des Friedhofs von San Cataldo, darüber hinaus auch der „Bauplan" des Entwerfens schlechthin – den er eben mit dem eigenen, körperlichen Erleben verknüpft.

Unterwegs auf dem Balkan findet er sich im Spital von Slavonski Brod jäh ans Bett gefesselt: „Ich beschaute den Baum und den Himmel. Dieses Dasein der Dinge und der Abstand zu den Dingen, verbunden auch mit dem Schmerz und dem Vorhandensein der Knochen, führte mich zur Kindheit zurück. Im darauffolgenden Sommer, als wir den Entwurf ausarbeiteten, waren mir vielleicht allein diese Vorstellung und die Schmerzen der Knochen geblieben."[15] Rossis *Autobiografia scientifica* wird zum außerordentlichen Dokument eines Verfahrens, bei dem ein zu „seinem äußersten getriebener Naturalismus"[16] zu einer „Metaphysik der Gegenstände" führt. Ganz in diesem Sinn betont er: „Ich weiß, dass dies das Ende jeder Technik ist: Es ist die Identifikation der Dinge mit der Phantasie, doch bedeutet es auch die Rückführung der Phantasie zu ihrer Grundlage, auf ihr Fundament, auf die Erde und auf das Fleisch."

Ein ähnliches Projekt wie Rossi für die Architektur hat der durch einen Autounfall verstorbene Erzähler der Langmut, W. G. Sebald, für die Literatur unternommen. In einem „Versuch über Stifter" gelangt der Theoretiker Sebald durch Bezug auf Adalbert Stifter zurück an jene Epochenwende Brochs, Hofmannsthals und Loos', an der alle Gewissheiten der bürgerlichen Welt verloren scheinen. Stifter wird zum Beispiel eines Schriftstellers, der die alte Einheit noch suchte – und deshalb in der des Romans behauptet. Doch Stifter wird daran erkranken, an der Sehnsucht nach Zusammenhang, den schon für ihn nur noch die Erzählung leistet. Auf Kosten der eigenen Lebenstauglichkeit kristallisiert sich diese nur noch in der fernen Geschichte Böhmens oder der zeitlosen Ländlichkeit des Rosenhauses heraus. Dabei wird der Erzähler einer klaren Welt abmagern und zunehmen und abmagern wie ein unmenschliches Wesen, wie ein Körper, der seine Knochen beschämt.

Und so ist dessen Werk für Sebald das Monument eines tiefen Verlusts wie auch einer tiefen Sehnsucht. Es suche Beglaubigung in der schieren Gegenwart der Dinge: „Der Auflösung der metaphysischen Ordnung entspricht der Stifters gesamtes Werk durchziehende erschütternde Materialismus, in dem vielleicht das bloße Anschauen der Welt etwas von ihrer früheren Bedeutung noch retten soll. Die skrupulöse Registrierung winzigster Details, die schier endlosen Aufzählungen dessen, was – seltsamerweise – tatsächlich da ist, tragen alle Anzeichen des Unglaubens […]. Die Häuser, das Mobiliar, die Gerätschaften, die Kleider, die vergilbten Briefe, all diese beschriebenen Dinge, die aus der kompakten Monotonie der Erzählungen Stifters herausragen, bezeugen zuletzt nichts als ihr eigenes Dasein."[17] Doch werden gerade sie, die Dinge, für Sebald selbst, den Schriftsteller, zum Motor einer archäologischen Kunstform, die wie jene Rossis aus den Fugen des Erlebten Geschichten als Geschichten der Fragmente erzählt und einen tieferen Zusammenhang künstlerisch, in körperlichen Metaphern erfahrbar macht. „Das ist mein schriftstellerischer Ehrgeiz: die schweren Dinge so zu schreiben, dass sie ihr Gewicht verlieren",[18] erklärt er im Gespräch – Kritiker und Erzähler nun in Personalunion.

Die existenziell nackt auftretenden Formen haben ästhetische Wirkung angenommen, in einer Welt, die nicht „bleiern" den Leser „belasten" und „blind" machen dürfe. Worte erhalten neuerlich durch ihre Stofflichkeit Form – diesmal nicht, indem sie sich „beschweren". „Wie doch der Mensch überall seine eigenen Angelegenheiten mit sich herum führt, dachte ich, und wie er sie in die ganze übrige Welt hineinträgt",[19] meint schon Stifter im *Nachsommer*. Die Welt ist nur noch körperhaft erzählt. Die Dinge bleiben, wenn sie erzählt sind, nicht, was sie waren. Und auch wenn sie faktisch nicht anders werden, wird ihre Faktizität durch die Imaginationskraft belebt. „Die Täuschungen liegen nicht nur in der Verzierung, sondern auch in der Gewohnheit und in dem, was uns erfreut, ohne uns selbst wachsen zu lassen",[20] meint Rossi. Womit er zu Beginn einer kleinen Werkmonografie aus dem Jahr 1981, da sich der Friedhof noch im Bau befindet, den Zusammenhang von Kontinuität und Bruch, von Tradition und Revolution, Körper und Baukörper darstellt: am durch seine Geschichte wie an einem Nahrungsmittel wachsenden Körper.

Die Sinne stehen nie auf null. Die Architektur ebenso wenig. Steen Eiler Rasmussen hat in den Jahren von Brochs

Zeitkritik als Stilkritik ein Buch verfasst, das keine Stile kennt, sondern nur Erfahrungen zwischen Form und Körper. Dem römischen Kinderspiel, dessen Bälle auf die kahlen Wände der Basilika von Santa Maria Maggiore treffen, um so das Gefühl für Schwere und Leichtigkeit zu erlernen, für das Federn des Balls, für die Dynamik und Statik der Dinge, bis dann der Spielverderber das mächtige Steintreppenwerk hinabrollt wie an einer uralten Topografie, widmet er größte Aufmerksamkeit bei der originären Entdeckung persönlicher Weltbezüge. Die Architektur ist dabei die Protagonistin.

Die englische Ausgabe von *Om at opleve arkitektur*, *Experiencing Architecture*, macht das ganz deutlich, wenn von „solids" und „cavities" als Grundvokabular der Baukunst die Rede ist. Gegenstand des dritten Kapitels dieser Anschauungslehre ist ein weiterer römischer Ort, die Porta di Santo Spirito, unweit des Petersdoms gelegen, nach Plänen Antonio da Sangallos bis heute als Torso verblieben: „[...] but you do not feel that anything is lacking. [...] The whole thing is done with such power and imagination that the observer feels he is confronted by a great building though in reality it is only a large relief, an embellishment of the wall surrounding an archway."[21]

Vollständigkeit liegt hier in der körperlichen Gegenwart eines nackten steinernen Baus begründet – ein Empfinden wird in Gang gesetzt, das nicht nur gegenwärtig, sondern stets auf seine körperliche Erinnerung angewiesen bleibt: „The rhythmic alternation of strikingly concave and convex forms produces an effect of order and harmony" – hier wird ein „Ganzes" aus den Zwischenstadien der ausgegrabenen Geschichte im Moment städtischen Treibens. Und so erscheint das Tor aus der Renaissance bis heute als Zeichen einer anderen Art von Geschichtlichkeit, in der die Form ein stetes Werden und daher zeitlos ist.

Max Dudlers Architektur steht nicht nur in einer spezifischen Traditionslinie der Moderne, die weit zurückreicht, er ist nicht nur Statthalter jener Kultur der Stadt, die in der „Gründerzeit" ihren formalistischen Höhepunkt, kurz danach einen Kollaps erlebte. Er selbst ist auch ein (heimlicher?) Revolutionär. Die Widerständigkeit des ästhetischen Erlebnisses, das seine Bauten bereiten, fordert dazu auf, den Gleichmut der heutigen suburbanen Gesellschaft radikal zurückzulassen. Obschon die oft festgestellte, durch Werke und Publikationen festgehaltene Tatsache zutrifft, dass er an der Alten Stadt analog weiterbaue, geschieht dies durch eine „Abstraktion", die sich dem Bild, der Oberfläche widersetzt. Er verlässt sich dabei auf die tief liegende Kontinuität einer urbanen Grammatik der Beziehungen von

Körpern im analogen wie imaginären Raum. Man könnte das eine „körperliche Abstraktion" nennen.

Diese kritische Baukunst hat zweifellos in der großbürgerlichen Kultur ihren Ursprung, wozu man nicht erst die frühen Interieurs Dudler'scher Cafés und Restaurants betreten muss. Geht man hinein in den mächtigen Backsteinkörper der neuen Stadtbibliothek in Heidenheim, hinauf zu den Büchern, dann folgt man einem hoch liegenden, magischen Fenster, ein Auge zum nackten Himmel, bemerkt man erst spät, wie man gelenkt wird von der Physis eines Körpers und seiner Hohlräume; Gleiches widerfährt dem aufmerksamen Besucher beim Heidelberger Schloss, wo das Empfangsbauwerk die intimste Beziehung zum historischen Bau eingeht, gestisch, stofflich, durch die nötige Distanzierung einer erlebten, nie nostalgischen Gegenwart der Geschichte. Diese rigoros rationale Architektur – jenseits oberflächlicher Zeichen, weder Begriffe wie „Atmosphäre" oder „Tektonik" für sich in Anspruch nehmend noch ein Amalgam historisierender Formen – ist von einer eigenen, kritischen historischen Spur durchzogen, denn kein körperliches Erlebnis ist eben ohne ein sinnliches Gedächtnis wirksam. So auch nicht die abstrakteste Form. Unterläge Max Dudlers Architektur einer abstrakt-selbstreflexiven Formensprache, bliebe sie auf sich selbst verwiesen, sie würde uns nicht berühren. Ihre Solidität ist – ganz im Gegenteil – ein Hinweis auf kulturelle Verluste, während ihr Programm zugleich die Bühne für neue Erzählungen liefert: als würde man ihr zweimal begegnen.

Führt man sich den ästhetischen Widerstand als Grundmuster hinter den Dudler'schen Körpern vor Augen – Körper, die sich nie anschmeicheln, alles an ihnen abgeschliffen –, erhalten sie eine surreal-magische Note: Diese Bauten stehen da wie Rümpfe einer vergangenen Stadt, wie Anfragen an die Zukunft. Durch sie begegnet man einer uralten, zeitlosen Architektur – wie die Kinder vor Santa Maria Maggiore. Fantasie und Gegenwart haben sich in ihr gegen die leichte Unterhaltung verschwistert, gegen die Kommodifizierungen, mit denen die Stadt ihre heutigen Zeitgenossen nur noch als Konsumenten empfängt. Darin hat Max Dudler das eigentlich Fremde erkannt. Er setzt das Gewicht der Erinnerung und die Masse der konkreten Welt dagegen.

1 Vgl. „Max Dudler und die Idee der Stadt. Notizen eines morgendlichen Besuchs von Albert Kirchengast", in: One, Publikation der Riepl
Immobilien GmbH, Gallneukirchen 2019, S. 5–9.
2 Vgl. hierzu etwa die theoretischen Schriften Juhani Pallasmaas.
3 Viktor Šklovskij: „Die Kunst als Verfahren", in: Texte der russischen
Formalisten, Band I, Texte zur allgemeinen Literaturtheorie und zur
Theorie der Prosa, herausgegeben von Jurij Striedter, München 1969,
S. 2–35, hier: S. 15.
4 Oswald Mathias Ungers: „Die Frage nach der europäischen Architektur und ihrer Krise", in: Paul Kahlfeldt et al. (Hrsg.): Josef Paul Kleihues,
Berlin 2003, S. 139–151, hier: S. 145.
5 Ebd., S. 140.
6 Werner Oechslin: „Flirting with Eternity", in: Alexander Bonte (Hrsg.):
Max Dudler, Berlin 2017, S. 6–7, hier: S. 6.
7 Leon Battista Alberti: De re aedificatoria (1485), Kapitel VI/2. Zitiert
nach: Leon Battista Alberti: Zehn Bücher über die Baukunst, übersetzt
von Max Theuer, Wien/Leipzig 1912.
8 Hermann Broch: Hofmannsthal und seine Zeit. Eine Studie (1955),
Berlin 2017, S. 7.
9 Hugo von Hofmannsthal: „Brief des Lord Chandos an Francis Bacon",
in: Herbert Steiner (Hrsg.): Gesammelte Werke in Einzelausgaben,
Prosa II, Frankfurt am Main 1976, S. 7–20. Erstdruck im Jahr 1902 in
der Zeitung Der Tag.
10 Hermann Broch: Die Schlafwandler. Eine Romantrilogie (1928–1932),
Frankfurt am Main 1978, S. 445.
11 Martin Steinmann: „Neuere Architektur in der Deutschen Schweiz",
in: ders.: Forme forte. Schriften 1972–2002, Basel 2003, S. 93–109,
hier: S. 94.
12 „Bilder verdauen. Über die Konjunktur des Referenziorens", Martin
Steinmann im Gespräch mit Tibor Joanelly und Roland Züger, in: werk,
bauen + wohnen, Entwurf und Referenz, 4/2018, S. 10–17, hier: S. 12.
13 „Eine Referenz kommt selten allein. Über den Umgang mit Referenzen im Entwurf", Adam Caruso im Gespräch mit Tibor Joanelly und
Roland Züger, in: a. a. O., S. 28–35, hier: S. 30.
14 Martin Steinmann: „Die Gegenwärtigkeit der Bilder", in: ders.: Forme
forte. Schriften 1972–2002, Basel 2003, S. 110–131, hier: S. 110.
15 Aldo Rossi: Wissenschaftliche Selbstbiografie (1981), Bern/Berlin
1988, S. 62.
16 Ebd., S. 26.
17 W. G. Sebald: „Bis an den Rand der Natur. Versuch über Stifter", in:
ders.: Die Beschreibung des Unglücks. Zur österreichischen Literatur
von Stifter bis Handke (1985), Frankfurt am Main 2003, S. 15–37, hier:
S. 18.
18 W. G. Sebald: Auf ungeheuer dünnem Eis. Gespräche 1971–2001,
herausgegeben von Torsten Hoffmann, Frankfurt am Main 2011.
19 Adalbert Stifter: Der Nachsommer (1857), Werke in vier Bänden,
Band II, Zürich o. J., S. 242.
20 Aldo Rossi: „Vorwort", in: Gianni Braghieri (Hrsg.): Aldo Rossi (1981),
Zürich 1983, S. 7–9, hier: S. 8.
21 Steen Eiler Rasmussen: Experiencing Architecture (1957), Cambridge (MA) 1959, S. 57.

"Nearly everything bothers me."
Max Dudler

"It was sticking close to things that revealed my profession to me."
Aldo Rossi

Some will say that a "Dudler" is recognizable at first glance. Assuming this is true, this observation nonetheless remains on the surface. And "recognize" may not even be the right word. In response to the spontaneous question "Why is his architecture characterized by a certain severity, heaviness, even 'hardness', one that defies commonly accepted forms of reception, assuming one genuinely engages with it?," Max Dudler replies emphatically: "Only resistance allows genuine identification."[1]

In conversation, he repeatedly stresses the art character of architectural projects—despite the fact that, in his design process, form (the primordial rhythm of opening and closing, of materiality and its opacity, even the building's expressive quality) is always preceded by a consideration of the situation of the planned building within urban space, that the urban-planning aspect takes precedence. For to a decisive degree his architecture restores an urban space that has gone astray in so many places today. And generated together with it is a scene of relationships, one that involves and stimulates the individual through an encounter with these buildings, which close themselves off so vehemently from the breathless and superficial pictoriality, the endlessly referential character, of the present. They are indeed resistant, and they elicit a different type of identification. It is interesting to note how little attention is paid to this peculiarly affective phenomenon—the "physical" dialogue between the perceiver and the architectural object.[2]

We only genuinely experience that which we need to appropriate. That is this architect's immediate but well-considered guidance. It might also characterize the attitude of a neo-avant-gardist, when we recall a celebrated manifesto of Russian Formalism from 1916. In a famous sentence, Viktor Šklovskij's "Art as Device" issues the demand: Make a stone stony! It is a question of the "deautomatization" of perception in an exhausted world filled with machines and masses: "And so this thing we call art exists in order to restore the sensation of life, in order to make us feel things, in order to make a stone stony. The goal of art is to create the sensation of seeing, and not merely recognizing, things; the device of art is the "estrangement" of things in the competition of the form, which increases the duration and complexity of perception, as the process of perception is, in art, an end in itself and must be prolonged."[3] The refreshing strangeness of Max Dudler's buildings seems to fulfill this task admirably—even though, or precisely because, they do not rely exclusively on "vision."

For at the same time they seem familiar, which may be connected to Dudler's origins in a certain strand of architectural thought, namely that of Oswald Mathias Ungers, in whose office he worked for a number of years, and whom he references for his approach (alongside Aldo Rossi and Adolf Loos). Ungers declared emphatically that "avant-gardism" was outdated: "The avant-garde simultaneously denied and extinguished the identity of art. Emerging in its place were inspirations, visions, gags, uninhibited showmanship, and the chaos of values and references."[4] Ungers's dialectic of unity and variety was based on the humanistic-Western creation of architecture through number and proportion, on the Pantheon and the Parthenon. For him, the new always developed from the rediscovered. The "ratio" of architecture lies sheltered in the depths of an autonomous artform; again and again, through mysterious and morphological operations, it comes to life in the individual building. "How can there be identity, when there is no history?"[5] asks Ungers with justification.

But what if history does not occur solely through form, but also in its mode of appearance? Ungers's "x-ray view" promotes architectural déjà vus, not perceptual processes. This "identity" seems to differ as much from Dudler's "identification" as a white plaster surface differs from a masonry structure. In Dudler's stony "Dinglichkeit" ("thingness"), presence, and process converge in some peculiar fashion and participate in another, equally elementary history of architectural form. They are located in an aesthetic of modernist precursors who have contributed to the development of architectural volumes since the 18th century. Through the impact of his unforgettable monuments, Étienne-Louis Boullée, for example, maintained the identity of a shared project, one that was called into question even before the demise of *Stilarchitektur* (style architecture) around 1900. It is the revolutionary project of an aesthetic reason through which the building's form remains "eloquent" precisely through the perception of weight and space. Libraries, opera houses, assembly halls, courthouses, even cemeteries, are components of this built world of a visionary, "eternal" metropolis.

"Flirting with Eternity" was Werner Oechslin's heading for a commentary on Max Dudler's works in which he remarks upon the tension—already noted here—between perception and form, between appearance and experienced presence. Oechslin apprehends these buildings as a closed system, and it is here that he recognizes their genuine quality: "There is no space left for any added ornament […] the structure remains true to itself, forms its own *ornamentum*, to which nothing can be added and from which nothing can be taken." A creativity that withdraws to the essential, in this sense—modern, and yet ancient, an architecture of the "naked wall."[6] Leon Battista Alberti's sober formula of *concinnitas* refers to a form that cannot be added to, taken from, or altered without making it less agreeable.

Of course, this has an explosive force: How is it to be achieved? Leon Battista Alberti's Renaissance treatise also explains that, to begin with, architecture is always naked, and must be clad according to rules of ancient rhetoric—assuming agreement can be reached concerning the form of the "garment." The early Renaissance, with its growing civic pride, pursued a retrospect of the European origins of the artistic language of Antiquity. The doctrine of expression of a thinker such as Cicero was directed toward the civic community that it simultaneously sought to establish: by overcoming societal fractures, it welded together the identity of a class with the idea of the *polis*, the marketplace, and oratory. For Alberti, therefore, the well-made edifice was already complete in itself, in its bodily and primeval form: "If this is conceded, ornament may be defined as a form of auxiliary light and complement to beauty. From this it follows, I believe, that beauty is some inherent property, to be found suffused all through the body of that which may be called beautiful; whereas ornament, rather than being inherent, has the character of something attached or additional."[7]

What language of judicious sobriety is spoken here, founded neither on fashion nor on formalism? It is precisely that of the building itself, where we reencounter our own bodies. It is an expression of building, of making, of the hands joining together materials, obeying the logic of heaviness—it means resistance. It not only offers resistance against toppling, but also confronts the beholder as an intellectual experience.

The literature recognizes a similar "metaphysics" of corporeal immediacy. Its point of departure is the epochal break for which the European city serves as an ideal witness. Of particular interest is the connection between literature and an architecture that has been stripped of decor: "Where there is style, a principle of order and selection governs all forms of human existence and action, and every change of style can be traced back to a change in the manner of selection and ordering."[8] In this passage, Hermann Broch looks back in the 1950s at *Hofmannsthal and His Time*—at the Vienna of Loos, where the abstraction of his façade at Michaelerplatz seemed to gaze out at the citizenry with an empty grimace.

As for Hofmannsthal, he found the familiar formal interconnections of language disintegrating on his tongue—arguably due to similar impulses: "I have completely lost the ability to think or speak about anything coherently at all,"[9] reads a passage that has become proverbial. It serves as a corporeal index for the capacity of language to fulfill its communicative function in a new way: now, words have acquired flavor. They have lost their stereotypical and binding power in order to acquire *impact*.

In his study of the waning 19th century, Broch writes from the perspective of someone who has the Great Wars behind him, and for whom sobriety has acquired a sensual quality, one that not only opposes false decor but actually supersedes it: "Rationalism often goes hand-in-hand with an enjoyment of life, for anyone who thinks rationally is likely to believe, in addition, that what is enjoyable in life exists to be enjoyed." And a few lines later he opposes the "misery" of an empty life with the necessity for aesthetic experience. In *The Sleepwalkers*, in the chapter entitled "Disintegration of Values," he writes: "And in this, it seems to me, lies the significance, a significance that I might almost call magical, of the fact that an epoch that is completely under the dominion of death and hell must live in a style that can no longer give birth to ornament."[10] In these observations, he turns toward the eternal task of architecture, for "Whatever a man may do, he does it in order to annihilate time, in order to revoke it, and that revocation is called space."

Max Dudler is active in this field of tension. The presence of his architecture endows it with a force that propels it from resistance to critical appropriation.

With remarkable clarity, the Swiss architectural theoretician Martin Steinmann has highlighted a central turning point in recent architectural history, and one that may therefore ground the underlying intention of such an attitude. He returns to a date of historical significance. The "political" year 1968 was decisive for architecture, too: Was the authentic promise of architectural modernity to be pursued further? Or was the architectural project to strive to respond to questions of life? Would it be possible, finally, to maintain the cultural relevance of an art of building using *sui generis* resources? Today, the socially critical impetus of such considerations seems more relevant than ever: an architecture that does not trust itself to touch people deeply will ultimately become little more than entertainment—a surface phenomenon. It would then sacrifice its influence on the lifeworld, its "encompassing" role. It would either be merely decorative or, instead, fulfill specific functions.

For Steinmann, in contrast, the task of the "project of modernity" is to "render the conditions of the time visible through form." For him, this formula still retains its validity—all the more so in ambiguous times, when everything once again seems possible. A critical project is to be extracted from it: the project of a new semantics of erratic form. Or at least Steinmann's ideas—which he develops from Aldo Rossi's influence on Swiss architecture and integrates into a book that bears the significant title *Forme forte*—could be extended in that direction.

In opposition to a loss of "critical autonomy" by a well-established métier, Rossi counters with the decisive motto: "l'architettura sono le architetture." With his origins in Italian *neorealismo*, he holds fast to a "rationalism" that is both challenged and stimulated by the technological abstraction of industrial society, committed equally to a shorthand version of "back to the origins" and a "call forward"—not unlike the Italian avant-garde of the 1920s. Radically new, however, was his renunciation of a centuries-old semantics, a turn toward a peculiar form of corporeality.

Against this background (still mindful of Broch's ideas, and with "postmodernity" now behind us), it seems self-evident that the predominance of the historicist image in contemporary architecture cannot redeem its promise as a welcome bearer of meaning, and merely expresses the availability of history as the image of history. The same is true for the accumulating spatial duplicates of historical buildings, resurrected in the present from the history of building in ways that are both witty and consummate.

Paradoxically, the autonomy of architecture is manifested only in dialogue with the conditions of its socially conditioned realization. Retrospectively, this means for Steinmann that "history—and memory—became foundational for architecture."[11] He means a different kind of historical narrative: beyond simple continuities, it penetrates into a space of shared imagination where the predominance of "types" holds true—types that, moreover, "characterize the essence of the task."[12] Abandoned here are the surface semantics of a conventional stylistics, one that, for modernity, was no longer capable of gaining access to deeper layers of architectural meaning. The historical trace that adheres to the architectural type would be of service to images and atmospheres to the extent that they help to narrate a history of "inner necessity."

In a conversation with the editors of a Swiss architectural magazine such ideas appear in a contemporary light, and Steinmann becomes enmeshed in a fictive dialogue with Adam Caruso, who seems to be consistently carried along as the designer of Aby Warburg's *Mnemosyne Atlas*. For him, the contemporary availability of history in images is part and parcel of the promising openness of contemporary architectural production. And yet, Caruso confesses revealingly: "Architecture must be experienced personally and bodily. This cannot function at the level of iconography and symbols."[13] At the same time, he adheres to the unconditional necessity of the figurative "coalescence"—in order to evade the "snare of abstraction," as he emphasizes. This may be a symptom of the misunderstanding that confuses the abstraction of the technological with the capacity of architecture to also cultivate the elementary aspect of form.

Elsewhere, and with decisive clarity, Steinmann discusses the positive role of images in the design process: they cannot be subject to the semantics of a rational—and at times gimmicky—vocabulary, but must instead possess an "unlocking" character. This "image" of architecture "refers to forms that generate experience by referring to the experiences engendered by other forms. This gives rise to correspondences that provide access to the essence of a building."[14]

Through the power of images, these experiences consistently point back toward possible constellations of the architectural. Rossi himself spoke of an "analogical" attitude toward design, of the "logical ideas" of a language that is directed toward the world outside, distinguishing them from the silent, irreal, imagined ideas that are oriented toward the past. These analogies include the imaginary aspect of the body of architecture, thereby generating a special historical space.

Might this be the reason for the enigmatic quality that accompanies Rossi's urban project, one necessarily directed toward the public, and explain why his motifs draw upon something that is concealed? Max Dudler's architecture, too, despite the utter clarity of its appearance, is nourished by a historicity of architectural form whose relationship to its own history has grown brittle.

Aldo Rossi can be regarded as a principal figure among those who seek to link a seemingly sober architectural form with the deep space of the imagination. And so it is hardly coincidental that the beginning of the above-mentioned text by Martin Steinmann contains an image of the San Cataldo Cemetery, built between 1971 and 1984 as a celebrated extension of a marvelous piece of neoclassical courtyard architecture. Its enigmatic plan extends into dimensions of urban planning, and becomes part of the panel that Rossi exhibited at the Venice Biennale in 1976 under the title *La città analoga*: as a fragment among fragments, a phantom.

Equally telling are Luigi Ghirri's photographs of the never completed complex, produced ten years later. These images imbue the architectural forms with an incisive corporeality of bloodless complexion, a paradoxical placelessness of immense power. The rhythm of piles of bricks from the historical predecessor building, the patina of baked clay, is passed over in the cold nakedness of something that is half stranded in fantasy, half born. Rossi's buildings occupy a spiritual territory that is not bound up with any specific location. In fact, future visitors can only be disappointed by this building.

The cemetery is linked directly with the shadow-creating image-world produced by Rossi's hand, where fish bones are found alongside architectural layouts—seemingly fortuitously. One senses that to an equal degree it is a question of real buildings and of imagined ones, the latter serving as invisible extensions of the former. The fascination for the "early" Rossi is probably also nurtured by a melancholy over the endurance of ageless buildings—a work of mourning that imposes itself on life only at special moments, especially those marked by the appearance of death, which they harbor. The degree to which Rossi's architecture is dependent upon the "skeleton" as the paramount "type" is corroborated not only by the nodal point of the cemetery complex near Modena, the Ossarium: as though its creator wished to refer to the origins of architecture as an erection of material within time, standing, not recumbent, it remains unfinished, windowless and roofless, recapitulating a deceased life in its permanently incomplete form. But the bridge, the living connection between body and building, is located not in the built structure but instead in personal recollection, as Rossi's autobiographical notes emphasize. Growing within the designed object is the status of a "rediscovered object," one that surfaces from memory. The level of the symbol no longer resides in direct communication through form elements but, instead, in the reaffirmation of processes that are no longer located in consciousness, and are hence curiously "affecting." Rossi tells of a car accident en route to Istanbul. In the language of a recorder of minutes, he opens his autobiography with splinters of memory that become unforgettable by virtue of their configuration, reinforced by black-and-white images of empty locales. In a mysterious way, it is also the prehistory of the San Cataldo Cemetery, and beyond that— the "blueprint" of the design process as such, which he links precisely to bodily experience.

Traveling through the Balkans, he suddenly finds himself tied to a bed in the hospital in Slavonski Brod: "I merely gazed at the trees and the sky. This presence of things and of my separation from things—bound up also with the painful awareness of my own bones—brought me back to my childhood. During the following summer, in my study for the project, perhaps only this image and the painting by bones remained with me."[15] Rossi's *Scientific Autobiography* becomes the extraordinary document of a process, one in which a "naturalism carried to extremes"[16] leads toward a "metaphysics of the object." Entirely in this spirit, he emphasizes: "I understand that this is the aim of all techniques: the identification of the object with the imagination of it. But the aim is also to bring the imagination back to its base, to its foundation, to the earth and to the flesh."

W.G. Sebald, the narrator of patience, who died in a car crash, pursued a literary project that is related to Rossi's architectural one. In his "Approach to Stifter" Sebald the theoretician returns to the epochal turn experienced by Broch, Hofmannsthal, and Loos, to a time when all of the certainties of the bourgeois world seemed to have been lost. For him, Stifter exemplifies the literary search for an earlier unity—necessarily in the form of the novel. But Stifter feels sick from yearning for a coherence that is achievable for him only narratively. At the cost of the viability of his own life, this coherence can now be crystallized only in the remote history of Bohemia or the timeless rusticity of the Rosenhaus, the house that figures so prominently in *Nachsommer* (*Indian Summer*). Here, the narrator of a lucid world becomes emaciated, puts on weight, only to become emaciated again, like an inhuman being, like a body ashamed of its own bones.

For Sebald, then, Stifter's work is a monument to profound loss and deep yearning. He seeks authentication in the sheer presence of things: "The disintegration of the metaphysical order corresponds to the unsettling materialism that permeates Stifter's oeuvre as a whole, based perhaps on the hope that the mere contemplation of the world might succeed in rescuing something of its earlier meaning. The scrupulous registration of the tiniest detail, the endless enumeration of everything that is actually present—strangely enough—bear all of the signs of unbelief […] The buildings, the furnishings, pieces of equipment, articles of clothing, yellowed letters: all of these described things, which stand out from the complex monotony of Stifter's narratives, testify, ultimately, to nothing other than their own existence."[17] But for the writer Sebald himself it is precisely things which become the engine of an archaeological artform that, like Rossi's, is narrated from the gaps in history as experienced, as a history of fragments, thereby making it possible to experience relationships artistically. "That is my ambition as a writer: to write about the difficult things in such a way that they lose their gravity,"[18] he explained in an interview—critic and narrator united now in a single individual. In a world that does not "burden" the reader in a "leaden" way, making him "blind," the forms, which emerge as existentially naked, have assumed an aesthetic impact. Through their materiality, words have again taken on form—not, this time, through their weight. "How a person carries his own affairs around with him everywhere, I thought, and how he carries them out into the world at large,"[19] writes Stifter in *Nachsommer*. Now, the world is only narrated bodily. And when they are narrated, the things do not remain what they were. And if they do not become something else factually, then their facticity is enlivened by the powers of the imagination. "The deception does not lie solely in the ornamentation, but also in habit and in that which pleases us without allowing us to grow,"[20] says Rossi. In this way, at the start of a little monograph from 1981, when the cemetery was still under construction, he presents the relationship between continuity and rupture, tradition and the nation, body and building: through its history, as though through a body nourished by food.

The senses never stand at zero. Nor does architecture. During the years when Broch was composing his social critique as stylistic criticism, Steen Eiler Rasmussen wrote a book that recognizes no individual styles, and instead addresses the experiential relationship between forms and bodies. In the context of the individual's discovery of his relatedness to the world, Rasmussen devotes much attention to a Roman game that involves bouncing a ball off the curved wall of the apse of the Basilica of Santa Maria Maggiore, an activity that allows the players to acquire a feel for both heaviness and lightness, for the bounce of the ball, for the dynamism and statics of objects, until a spoilsport rolls the ball down the massive flight of stone stairs, as though across some ancient topography. Here, the architecture is the protagonist.

The English edition of *Om at opleve arkitektur*, entitled *Experiencing Architecture*, makes this quite clear when the author speaks of "solids" and "cavities" as the fundamental vocabulary of the art of building. The subject of the third chapter of his treatise on architectural perception is another Roman site, the Porta di Santo Spirito, located not far from St. Peter's, built according to plans by Antonio da Sangallo, and remaining a torso to this day: "But you do not feel that anything is lacking. […] The whole thing is done with such power and imagination that the observer feels he is confronted by a great building though in reality it is only a large relief, an embellishment of the wall surrounding an archway."[21]

Here, completeness resides in the physical presence of a naked stone building—set into motion is an experience that is dependent not just upon the present moment but, always, upon bodily memory: "The rhythmic alternation of strikingly concave and convex forms produces an effect of order and harmony." Here, during movement through the urban environment, a "whole" emerges from the intermediate stages of excavated history. Up to the present, then, this Renaissance arch appears as an emblem of a different kind of historicity, one in which form is found in a state of perpetual becoming, and is thus timeless.

Max Dudler's architecture does not just stand in a specific line of the tradition of modernity, one that stretches back very far; he is not just the "governor" of a culture of the city that experienced its formalist highpoint during the *Gründerzeit*, only to collapse soon thereafter. He is also a (secret?) revolutionary. The resistant quality of the aesthetic experience proffered by his buildings challenges us to abandon the complacency of contemporary suburban society. And although it is true—as so often maintained in publications about his work—that he continues to build in a way that is analogous to the traditional city, he achieves this through an "abstraction" that defies the image, the surface. He relies upon the deep-seated continuity of an urban grammar of relationships between objects and space. This could be referred to as "bodily abstraction."

Doubtless, this critical architecture has its origins in *bourgeois* culture, so there is no need to examine the interiors of Dudler's cafés and restaurants. Upon entering the massive brick structure of the new City Library in Heidenheim and ascending to the book stacks, the gaze follows a magical window, set high up, an eye that stares out at open sky, noticing only later that we are guided by the physicality of a body and its cavities; the same experience greets attentive visitors to Heidelberg Castle, where the visitor center is intimately related to the historic building both gesturally and materially, and through the necessary distancing from the presence of a history that is genuinely experienced, not simply the object of nostalgia. This rigorously rational architecture—which resides beyond superficial emblems, neither making a claim to either "atmosphere" or "tectonics", nor constituting an amalgam of historicizing forms is permeated by a genuine critical and historical trace; because no bodily experience is effective in the absence of sensuous memory, not even the most abstract form. If Max Dudler's architecture were governed by a self-reflexive form language, if it remained self-referential, it would not affect us. Very much to the contrary, its solidity is an indication of cultural loss, while its program at the same time furnishes a stage for new narratives: as though one had encountered them twice.

If this aesthetic resistance is conceived as a basic pattern found behind Dudler's buildings, which do not flatter us, which have been pared down, they acquire a surreal, magical flavor: these buildings stand like torsos of a past city, like questions addressed to the future. Through them, we encounter an ancient, timeless architecture—like the children behind Santa Maria Maggiore. In them, and in opposition to light entertainment, fantasy and presence have become twinned, against the commodification through which the city greets its contemporaries exclusively as consumers. And it is in this that Max Dudler has recognized the authentically strange. And against it, he sets the weight of memory and the mass of the concrete world.

1 See „Max Dudler und die Idee der Stadt: Notizen eines morgendlichen Besuchs von Albert Kirchengast," in *One*, publication by Riepl Immobilien GmbH, Gallneukirchen 2019, pp. 5–9.
2 See here the theoretical writings of Juhani Pallasmaas.
3 Viktor Shklovsky, "Art as Device," in *Viktor Shklovsky: A Reader*, translated and introduced by Alexandra Berlina, New York 2017, pp. 73–96, here p. 80.
4 Oswald Mathias Ungers, "Die Frage nach der europäischen Architektur und ihrer Krise," Paul Kahlfeldt et al. (ed.): Josef Paul Kleihues, Berlin 2003, pp. 139–151, here p. 145.
5 Ibid., p. 140.
6 Werner Oechslin, "Flirting with Eternity," Alexander Bonte (ed.): Max Dudler, Berlin 2017, pp. 6–7, here p. 6.
7 Leon Battista Alberti, *On the Art of Building in 10 Books*, translated by Joseph Rykwert et al., Cambridge (MA) 1988, chap. 6/2, here p. 156.
8 Hermann Broch, *Hofmannsthal and His Time* (1955), Chicago 1984, here p. 110.
9 Hugo von Hofmannsthal, *The Lord Chandos Letter and Other Writings*, selected and translated from the German by Joel Rotenberg, New York 2005, here p. 121.
10 Hermann Broch, *The Sleepwalkers, a Trilogy*, translated from the German by Willa and Edmund Muir, New York 1996, p. 398.
11 Martin Steinmann, "Neuere Architektur in der Deutschen Schweiz," in Steinmann, *Forme forte: Schriften 1972–2002*, pp. 93–109, here p. 94.
12 "Bilder verdauen: Über die Konjunktur des Referenzierens," Martin Steinmann in conversation with Tibor Joanelly and Roland Züger, *werk, bauen + wohnen, Entwurf und Referenz*, 4/2018, pp. 10–17, here p. 12.
13 "Eine Referenz kommt selten allein: Über den Umgang mit Referenzen Entwurf," Adam Caruso in conversation with Tibor Joanelly and Roland Züger, op. cit., pp. 28–35, here p. 30.
14 Martin Steinmann, "Die Gegenwärtigkeit der Bilder," in Steinmann, *Forme forte: Schriften 1972–2002*, pp. 110–131, here p. 110.
15 Aldo Rossi, *Scientific Autobiography*, Cambridge (MA) 2010, p. 21.
16 Ibid., p. 22.
17 W.G. Sebald, "Bis an den Rand der Natur. Versuch über Stifter," in Sebald, *Die Beschreibung des Unglücks: Zur österreichischen Literatur von Stifter bis Handke* (1985), Frankfurt/Main 2003, pp. 15–37, here p. 18.
18 W.G. Sebald, *Auf ungeheuer dünnem Eis: Gespräche 1971–2001*, edited by Torsten Hoffmann, Frankfurt/Main 2011.
19 Adalbert Stifter, *Der Nachsommer* (1857), works in four volumes, vol. II, Zürich, no year, p. 242.
20 Aldo Rossi, "Vorwort," Gianni Braghieri (ed.), *Aldo Rossi* (1981), Zürich 1983, pp. 7–9, here p. 8.
21 Steen Eiler Rasmussen, *Experiencing Architecture* (1957), Cambridge (MA) 1959, p. 57.

Max Dudler (geboren in Altenrhein in der Schweiz) gründete 1992 das Büro Max Dudler, das heute Niederlassungen in Berlin, Zürich, Frankfurt am Main und München hat. 2004 wurde Dudler als Professor an die Kunstakademie Düsseldorf berufen. Er lehrte ebenfalls an der Università Iuav di Venezia, der Alma Mater Studiorum Università di Bologna, dem Politecnico di Milano, der Technischen Universität Dortmund sowie der Technischen Universität München. Seine Arbeit erhielt zahlreiche Auszeichnungen, unter anderem die Nike für die beste städtebauliche Interpretation 2010 für das Jacob-und-Wilhelm-Grimm-Zentrum, den DAM Preis für Architektur in Deutschland 2012 für die Arbeiten am Hambacher Schloss und den Hugo-Häring-Landespreis 2015 für das Besucherzentrum im Schloss Heidelberg. Den International Award Architecture in Stone bekam er dreimal verliehen: für das Jacob-und-Wilhelm-Grimm-Zentrum (2011), das Besucherzentrum Schloss Heidelberg (2013) und für die Hagenholzstraße in Zürich (2015).

Max Dudler (born in Altenrhein, Switzerland) founded the Max Dudler firm in 1992, which now has branches in Berlin, Zurich, Frankfurt am Main, and Munich. In 2004, Dudler was appointed professor at the Kunstakademie Düsseldorf. He has also taught at the Università Iuav di Venezia, the Alma Mater Studiorum Università Bologna, the Politecnico di Milano, Technical University of Dortmund, and Technical University of Munich. His work has received many awards, including the BDA's 2010 best urban development Grand Nike Award for the Jacob-und-Wilhelm-Grimm-Zentrum, the 2012 DAM Prize for Architecture in Germany for his work on Hambach Castle, and the 2015 Hugo-Häring-Landespreis for the visitor center at Heidelberg Castle. He thrice received the International Award Architecture in Stone: for the Jacob-und-Wilhelm-Grimm-Zentrum in 2011, for the visitor center at Heidelberg Castle in 2013, and for Hagenholzstraße in Zurich in 2015.

Albert Kirchengast ist Architekturtheoretiker. Er war Mitarbeiter am Institut für Baukunst der Technischen Universität Graz, Oberassistent an der ETH Zürich und bis 2021 Senior Scientist am Kunsthistorischen Institut in Florenz, Max-Planck-Institut. Für seine Promotion erhielt er ein Forschungsstipendium des Schweizerischen Nationalfonds und wurde mit der Medaille der ETH Zürich ausgezeichnet (*Das unvollständige Haus: Mies van der Rohe und die Landschaft der Moderne*, Basel 2019). Neben zahlreichen Beiträgen für Zeitungen und Fachzeitschriften publiziert er Bücher und ist seit 2011 Mitherausgeber der Buchreihe „Landscript". Zuletzt gewann er 2018 den DAM Architectural Book Award für *Franz Riepl baut auf dem Land. Eine Ästhetik des Selbstverständlichen* (Basel 2018). Er hat zahlreiche Lehraufträge in Österreich, Deutschland und der Schweiz inne; 2019/2020 war er Gastprofessor für Architekturentwurf an der Technischen Universität Wien.

Albert Kirchengast is an architectural theoretician. He was a staff member at the Institute of Architectural Art at Graz University of Technology, senior assistant at ETH Zurich, and until 2021 senior scientist at the Institute of Art History in Florence, Max Planck Institute. For his doctorate, he received a research grant from the Swiss National Science Foundation and was awarded the ETH Zurich Medal (*Das unvollständige Haus: Mies van der Rohe und die Landschaft der Moderne*, Basel 2019). In addition to numerous contributions to newspapers and journals, he publishes books and has been coeditor of the book series "Landscript" since 2011. Most recently, he won the 2018 DAM Architectural Book Award for *Franz Riepl baut auf dem Land: Eine Ästhetik des Selbstverständlichen* (Basel 2018). He holds several teaching positions in Austria, Germany, and Switzerland; in 2019/2020 he was visiting professor of architectural design at the Vienna University of Technology.

Zwillingsprojekt Sparrenburg/Johannisberg, Bielefeld
Twin project Sparrenburg/Johannisberg, Bielefeld
Projektleitung/Project manager:
Simone Boldrin
Mitarbeiter/Team:
Thomas Back, Kilian Teckemeier, Julia Lapsin

Besucherzentrum, Schloss Heidelberg, Heidelberg
Visitor Center, Heidelberg Castle, Heidelberg
Projektleitung/Project manager:
Simone Boldrin
Mitarbeiter/Team:
Patrick Gründel, Julia Lapsin

Besucherhaus, Hambacher Schloss, Neustadt a. d. Wstr.
Visitor Center, Hambach Castle, Neustadt a. d. Wstr.
Projektleitung/Project manager:
Simone Boldrin
Mitarbeiter/Team:
Thomas Back, Patrick Gründel, Julia Lapsin,
Kilian Teckemeier

Stadtbibliothek, Heidenheim
City Library, Heidenheim
Projektleitung/Project manager:
Andreas Enge, Julian Möhring
Mitarbeiter/Team:
Roberto Aruta, Min Gi Hong, Barnim
Lemcke, Tassilo Lochocki

Backstage-Gebäude, Waldbühne, Berlin
Backstage Building Waldbühne, Berlin
Projektleitung/Project manager:
Andreas Enge
Mitarbeiter/Team:
Tassilo Lochocki, Min Gi Hong

Weingut Cantzheim, Kanzem a. d. Saar
Cantzheim Winery, Kanzem a. d. Saar
Projektleitung/Project manager:
Simone Boldrin
Mitarbeiter/Team:
Katharina Neubauer, Kilian Teckemeier,
Julia Lapsin, Patrick Gründel

Eisenbahnmuseum, Bochum
Bochum Railway Museum
Projektleitung/Project manager:
Simone Boldrin, Roberto Aruta
Mitarbeiter/Team:
Kilian Teckemeier, Katharina
Neubauer, Guido Porta, Roberto Aruta

U-Bahnhof Museumsinsel, Berlin
Metro Station Museumsinsel, Berlin
Projektleitung/Project manager:
Patrick Gründel
Mitarbeiter/Team:
Simon Burko, Timo Steinmann, Wiebke Ahues,
Elisabetta Chapuis, Annalea Klainguti, Isabelle
Meißner, Ines Schenke, Karin Weber-Mank,
Kathrin Schmitz, Christof Berkenhoff, Max Rein

Bertradaburg, Mürlenbach
Bertrada Castle, Mürlenbach
Projektleitung/Project manager: Kilian Teckemeier
Mitarbeiter/Team: Andreas Dortgolz

Impressum/Imprint

© 2021 by jovis Verlag GmbH

Herausgeber/Editor: Alexander Bonte
Redaktion/Editorial Office: Monika Krauss, Svea Weiß
Gestaltung und Satz/Design and setting: Annette Kern
Übersetzung ins Englische/English translation: Ian Pepper
Lektorat (deutsche Texte)/German copyediting: Inka Humann
Lektorat (englische Texte)/English copyediting: Robert Goldie
Fotos/Photos: Stefan Müller
Lithografie/Lithography: DZA Druckerei zu Altenburg
Druck und Bindung/Printing and binding: DZA Druckerei zu Altenburg

Bibliografische Information der Deutschen Nationalbibliothek
Die Deutsche Nationalbibliothek verzeichnet diese Publikation in der Deutschen Nationalbibliografie; detaillierte bibliografische Daten sind im Internet über http://dnb.d-nb.de abrufbar.
Bibliographic information published by the Deutsche Nationalbibliothek
The Deutsche Nationalbibliothek lists this publication in the Deutsche Nationalbibliografie; detailed bibliographic data are available on the Internet at http://dnb.d-nb.de

jovis Verlag GmbH
Lützowstraße 33
10785 Berlin
www.jovis.de

jovis-Bücher sind weltweit im ausgewählten Buchhandel erhältlich. Informationen zu unserem internationalen Vertrieb erhalten Sie von Ihrem Buchhändler oder unter www.jovis.de.
jovis books are available worldwide in select bookstores. Please contact your nearest bookseller or visit www.jovis.de for information concerning your local distribution.

ISBN 978-3-86859-729-5